移动商务

高职高专经济管理类创新教材

胡守忠 主 编

陈 洁 胡 璇 张培培 副主编

清华大学出版社
北京

内 容 简 介

本书以移动商务内容运营从业人员应掌握的基本理论、实践知识和岗位技能(标准)为主线,结合高等职业教育教学改革的基本要求,注重理论联系实践,确保内容的准确性、新颖性和实用性,具有高职高专院校"产教融合"的教学改革特色。本书从移动商务运营的"知识+技能"的核心入手,由8个教学项目构成,每个教学项目包括项目描述、项目目标、项目导入、项目实施、项目小结、项目拓展6部分,并安排了案例阅读、思考题、技能训练及岗位介绍等内容,便于读者在学习之余加强实践拓展和练习。

本书适合中职、高职(五年一贯制)院校,可作为电子商务、移动商务、网络营销、国际商务、现代物流、跨境电商等商科类相关专业的教学用书,并可作为社会从业人士岗位培训的业务参考书及培训用书。

图书在版编目(CIP)数据

移动商务/胡守忠主编. —北京:清华大学出版社,2022.8
高职高专经济管理类创新教材
ISBN 978-7-302-61137-0

Ⅰ.①移…　Ⅱ.①胡…　Ⅲ.①电子商务—高等职业教育—教材　Ⅳ.①F713.36

中国版本图书馆 CIP 数据核字(2022)第 110337 号

责任编辑:施　猛
封面设计:常雪影
版式设计:孔祥峰
责任校对:马遥遥
责任印制:曹婉颖

出版发行:清华大学出版社
　　　　网　　　址:http://www.tup.com.cn,http://www.wqbook.com
　　　　地　　　址:北京清华大学学研大厦 A 座　　　　邮　　编:100084
　　　　社　总　机:010-83470000　　　　邮　　购:010-62786544
　　　　投稿与读者服务:010-62776969,c-service@tup.tsinghua.edu.cn
　　　　质　量　反　馈:010-62772015,zhiliang@tup.tsinghua.edu.cn
印　装　者:北京国马印刷厂
经　　销:全国新华书店
开　　本:185mm×260mm　　印　张:11.75　　字　数:258 千字
版　　次:2022 年 8 月第 1 版　　印　次:2022 年 8 月第 1 次印刷
定　　价:45.00 元

产品编号:092834-01

前言

目前，我国移动互联网迅速发展，用户规模逐年增长，据Quest Mobile《中国移动互联网2021年度大报告》显示，截至2021年12月，我国全网用户达到11.74亿。依托移动互联网庞大的用户基数，移动电子商务逐渐成为国民经济"双循环"的重要支撑。

据国家统计局数据显示，2020年全国电子商务交易额达37.21万亿元，同比增长4.5%，同时伴随着5G、云计算、区块链、AI等信息技术的加速发展，移动电子商务与各行各业的融合更加深入，带动包括零售业、生产制造业、服务业、农业等的经济增长。而移动电商与公共事业的融合，则进一步提升了广大人民群众的获得感和幸福感。在疫情常态化的今天，随着区域全面经济伙伴关系协定(RCEP)的实施，移动电子商务未来的发展空间更大广阔。2021年10月由中华人民共和国商务部、中共中央网络安全和信息化委员会办公室、国家发展和改革委员会联合印发的《"十四五"电子商务发展规划》明确指出，到2025年电子商务从业人员总规模由2020年的6015万人，预期达到7000万人，行业人才缺口巨大。

根据《国家职业教育改革实施方案》《职业教育提质培优行动计划(2020—2023年)》等文件精神，为了进一步适应移动电子商务发展的需要，加强对移动电子商务职业技能型人才的培养，亟须加强高职电子商务专业、移动商务专业等相关专业课程教学的教材建设。

《移动商务》一书正是在此背景下积极筹备编写而成。本书以移动商务内容运营从业人员应掌握的基本理论、实践知识和岗位技能(标准)为主线；根据高等职业教育教学改革的基本要求，结合移动商务行业发展的新方向、企业实际岗位技能需求和"赛教、证教融合"等教学内容，对标了"电子商务师""互联网营销师"等职业资格证书及高等学校教学指导委员会组织的各类相关专业竞赛的技能要求；注重理论联系实践，确保内容的准确性、新颖性和实用性，具有高职高专院校"产教融合"的教学改革特色。

本书从移动商务运营的两个核心"知识+技能"入手，由8个教学项目构成(包括移动电子商务概述、移动电子商务技术基础及应用、移动电子商务模式、移动支付、移动营销、移动电子商务物流管理、移动电子商务数据分析与挖掘、移动电子商务安全管理)；每个教学项目包括项目描述、项目目标、项目导入、项目实施、项目小结、项目拓展6部分，并设有几个任务；每个任务由任务描述、知识准备、任务实施、任务拓展4

部分构成；在项目拓展部分(二维码)，特别安排了案例阅读、思考题、技能训练及岗位介绍等内容，便于读者在学习之余加强实践拓展和练习。

本书适合中职、高职(五年一贯制)院校，可作为电子商务、移动商务、网络营销、国际商务、现代物流、跨境电商等商科类相关专业的教学用书，并可作为社会从业人士岗位培训的业务参考书及培训用书。

本书由上海震旦职业学院胡守忠担任主编，陈洁、胡璇、张培培担任副主编。本书配套的电子资源库由周敏负责制作，扫描下方二维码可见。由于信息技术及电子商务的飞速发展，加之编者学识和经验有限，书中难免有所疏漏，敬请读者批评指正，并对在本书编写过程中给予帮助、支持的各位同事、学者表示感谢！

教学资源

编　者

2022年5月1日

目录

项目描述

首先，通过本项目的学习，学生能够了解移动电子商务概况，掌握移动电子商务的发展阶段、基本概念；能够结合我国国情进行移动电商宏观环境分析，熟悉移动电子商务的发展现状及在我国各行业的应用。其次，通过实训操练，学生能够掌握移动电子商务各类应用的使用，能对典型应用案例进行项目分析。最后，通过岗位介绍和知识巩固及提升，学生能够对移动电子商务行业有具体认知，能运用网络资料进行移动电子商务项目调研分析及撰写报告。

项目目标

【知识目标】

(1) 了解移动电子商务的概况。

(2) 掌握移动电子商务的概念。

(3) 了解移动电子商务的特点。

(4) 能够分析移动电子商务与传统电子商务的联系和区别。

(5) 了解移动电子商务在我国的发展历程、未来趋势、行业应用及典型案例。

【技能目标】

(1) 理解移动电子商务对社会和生活的影响。

(2) 掌握不同移动电子商务应用的使用。

(3) 能够根据移动电子商务特点对我国特定行业移动电子商务发展情况进行调研并撰写分析报告。

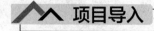 项目导入

【思维导图】

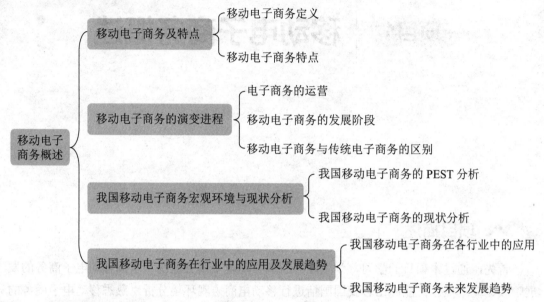

【案例导入】

ᔆ 保险业的"移动化"之旅 ᔆ

保险业，作为金融行业的重要领域，已经被人们逐渐知晓，不仅成为个人及家庭保障的重要组成部分，也是部分家庭投资理财的一个选项。保险行业在最初传统领域，即营业网点、业务员的商业模式上，积极创新，探索线上业务，走上"移动化"之旅。

传统的保险行业，保险公司主要通过直邮、呼叫中心等方式被动地为客户提供如保单信息、险种介绍、保险合同变更等信息服务，很难提供主动、便捷、迅速、高效的服务，而且直邮和呼叫中心高昂的成本费用也限制了保险公司的主动客户服务。

2003年初，中国人寿保险股份有限公司(以下简称中国人寿)与知名金融行业移动商务应用提供商北京东方般若科技发展有限公司合作，建立"移动95519"短信客服系统，该系统覆盖全国，并通过短消息实现保险公司与客户间的联系，为客户了提供快速、准确、个性化的服务，开启保险行业移动商务的探索。此举，不仅为当时成立不久的中国人寿提升了知名度，还提高了客户服务质量，降低客户流失率，提高客户续保率，使中国人寿日后逐渐成长为中国保险行业龙头企业，并跃升世界500强企业。

2011年，成立仅4年的阳光人寿保险股份有限公司(以下简称阳光人寿)，紧随时代潮流，依托当时新兴的3G网络优势率先在行业中推出了阳光"快易保"，实现了保险行业的3G移动投保服务。阳光"快易保"是一款无线电子投保系统，采用先进的平板电脑终端及无线3G技术，触屏手写输入便可完成投保。它的推出改变了延续十多年的传统手写签单的投保模式，使投保过程时间由原来最快3天缩短到了现在最快15分钟，大大提高了

签单效率，而自动核保后公司后台直接转账承保，保险单立即生效，整个过程最快1分钟内完成，更使消费者享受到了阳光保险带来的更为快捷、时尚的保险服务。正是因为不断探索，阳光人寿成立3年跻身国内七大保险集团，5年跻身中国企业500强。

各大保险公司拓展移动电子商务领域成功的案例，给了行业持续"移动化"发展的信心。随着互联网的普及、通信技术的发展，为满足消费者日趋个性化的需求，结合商业模式创新，各大保险公司纷纷加入移动商务App的跑道。据猎豹大数据分析显示，2017年保险类App渗透率上涨为20.86%，总体较为平稳。

可以看到，保险业的"移动化"经历十多年的发展，正一步一个脚印坚定前行，并且依托保险+直播平台等新型商业模式，及保险行业的优质产品内容，它的"移动化"步伐定将行稳致远，而移动电子商务也正在深刻地影响着各行各业以及我们的日常生活。

资料来源：作者根据网络资料整理。

思考与讨论：

(1) 通过案例，您觉得保险行业为什么要发展"移动电商"？

(2) 案例中，中国人寿和阳光人寿成功拓展"移动电商"业务的途径有哪些？

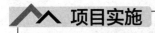

项目实施

任务1.1　移动电子商务及特点

1.1.1　移动电子商务定义

关于移动电子商务的定义，一些学者把移动电子商务看成电子商务的扩展，认为移动电子商务即无线电子商务，一些学者认为移动电子商务是基于无线通信网络使用移动设备和其他有线的电子商务技术开展的新型电子商务交易，还有学者认为移动电子商务是通过移动和无线终端设备进行的电子商务活动。本文认为移动电子商务可以分为广义和狭义两种。

鉴于移动电子商务是由电子商务的概念衍生而来的，从广义上讲，移动电子商务是指应用一切移动终端设备，包括手机、掌上电脑、笔记本电脑及其他数字终端设备所进行的各类电子商务活动。也可以理解为，只要通过移动通信网络开展的商务活动都属于移动电子商务，如移动远程教育、移动远程医疗，以及通过无线移动设施的信息、金融、服务的交换等，也包括传统电子商务企业提供的移动互联下的B2B、B2C和C2C电子商务业务、移动电子政务等。狭义的移动电子商务是指通过移动终端设备进行的交易活动。

本文采用广义的移动电子商务概念，即移动电子商务是在移动设备的帮助下，通过连接移动网络，发起或完成包括商品或服务所有权与使用权的转移在内的任何交易。其中，移动设备包括手机、掌上电脑、智能可穿戴设备、智能家电等可接入无线网络的各种可移动终端。

1.1.2 移动电子商务特点

移动电子商务可以看成下一代电子商务，但是其与传统的基于计算机的电子商务有明显的不同。由于移动电子商务是基于无线网络和可移动终端的，相对于电子商务不受时间限制的这一特点，移动电子商务还不受地点的限制，呈现便携性、广泛性、开放性、移动性、即时性、个性化、位置性、安全性的特点，如图1-1所示。

图1-1　移动电子商务的特点

1. 便捷性

21世纪20年代，随着移动数据网络覆盖越来越广，用户几乎可以随时随地从事各种网上活动，不受时间、空间、地点的限制，获取包括应用、娱乐、金融、医疗等在内的整个网络的信息和服务，也可以完成包括查找、选择、购买和支付的各种商业交易。

2. 广泛性

我国人口基数大，随着社会信息化建设，互联网用户越来越多，据淘宝网统计显示，在网购交易中，手机端交易占整个电子商务交易的90%以上。因此，与使用计算机在网络上进行交易相对比，使用手机、平板等设备在网络上进行交易具有更加广泛的用户基础。

3. 开放性

随着智能手机和便携式移动终端的普及、接入方式的无线化，任何人都可以进行以移动终端为载体的移动电子商务活动，这使得网络范围延伸更开放，为移动电子商务的发展，带来了更多可能性。

4. 移动性

需要这种提供服务的人一般都处于移动之中。当用户有使用移动电子商务的需求时，只需有移动通信数据覆盖的地方就可以使用，可随时随地进行交易与支付。但仅把移动电子商务理解为移动的电子商务是片面的，因为移动的不仅仅是移动终端，还有人和服务的移动。

5. 即时性

移动电子商务的客户一般要求马上得到所需信息需要的服务具有时间敏感性，如即时的移动信息服务、紧急救援服务等。

6. 个性化

由于移动终端一般属于个人使用，每个用户的需求是不相同的，移动电子商务就具有根据用户个性需求定制产品及服务的特性。

7. 位置性

移动电子商务可以自由选择交易支付方式、服务接入方式、位置相关信息。用户可以通过智能手机内置的定位功能，随时随地获取所处位置周围的各类信息，例如团购与优惠信息、交通路况、移动广告等。

8. 安全性

对于网上银行账户的往来业务，移动电子商务实现了移动通信与RFID技术、AI技术等的融合，保障了移动电子商务交易相对安全；对于网上交易平台业务，利用资金在第三方平台暂存，消费者收到商品或服务后再由第三方平台划拨资金给商家，也增加了移动电子商务的安全性。

任务1.2 移动电子商务的演变进程

1.2.1 电子商务的发展阶段

1. 世界电子商务的发展阶段

电子商务的雏形可追溯到20世纪60年代。这个时期，"个人计算机"的出现以及企业间专用网络的发展，应用于企业间的电子数据交换(EDI)技术和银行间的电子资金转账(EFT)技术作为电子商务应用的系统雏形出现了。这样，商业文件可以从一台计算机传输到另一台计算机，大大提高了商业文件的处理速度，降低了商业成本。但企业使用专用网络与设备的费用太高，人才太少，阻碍了计算机的发展，商业化进程滞后。

20世纪90年代，因特网(Internet)在全球迅速普及和发展，逐步从军事、大学、科研机构走向百姓家庭和企业，基于互联网的电子商务以遍及全球的互联网为架构，以交易双方为主体，以网上支付和结算为手段，以客户信息数据库为依托的一种新的商务模式迅速发展。1996年，电子商务的先驱IBM公司提出Electronic Commerce(E-Commerce)的概念，指出，电子商务是采用数字化电子方式进行商务数据交换和开展商务业务的活动，是因特网(Internet)的广阔联系与传统信息系统的丰富资源相互结合的背景下应运而生的一种相互关联的动态商务活动。电子商务开始进入大众视野。

2000年以来，采用各种电子方式进行的各项社会活动的综合运用，使电子商务应用领域和应用场景逐渐增加，电子商务在全球覆盖面更加广泛，并不断涌现出各类电子商务的分支领域。

2. 中国电子商务的发展阶段

国内的电子商务是随着20世纪90年代因特网的发展，逐步发展成熟的，一般分为5个阶段，如图1-2所示。

图1-2 我国电子商务发展阶段

(1) 起步萌芽阶段(1990—1997年)。1990—1993年，是电子数据交换(EDI)时代，中国电子商务正式起步。1993—1997年，政府领导组织开展金关、金卡、金税等"三金工程"，为电子商务发展期打下坚实基础。其间，1996年1月国务院国家信息化工作领导小组成立，由副总理任组长，20多个部委参加，统一领导组织我国信息化建设，起草编制我国信息化规划。同年全桥网与因特网正式开通，1997年，广告主开始使用网络广告，中国商品订货系统(China Goods Ordering System，CGOS)开始运行。

(2) 筹备发展阶段(1998—2000年)。随着因特网在国内的发展，1998年3月，我国第一笔互联网网上交易成功。1998年10月，国家经贸委与信息产业部联合宣布启动以电子贸易为主要内容的"金贸工程"，这是一项推广网络化应用、开发电子商务在经贸流通领域的大型应用试点工程。1999年3月以"8848"为首的一些B2C网站正式开通，网上购物进入实际应用阶段。1999年兴起政府上网、企业上网，电子政务(政府上网工程)、网上纳税、网上教育(湖南大学、浙江大学网上大学)、远程诊断(北京、上海的大医院)等广义电子商务开始启动，并进入实际试用阶段，标志着我国完成电子商务筹备，进入发展阶段。

(3) 波动培育阶段(2001—2009年)。在经历2000年国际互联网泡沫破灭后，国内电子商务发生巨大波动，上千家电子商务企业中，仅有"8848""中国商品交易中心"等少数几家艰难维持。随着我国市场经济持续发展、电子商务环境逐步完善，2002年全球最大的网络零售商eBay进军中国，2003年淘宝网正式上线，2004年京东涉足电子商务领域，这一时期，电子商务逐渐从企业间B2B模式向B2C、C2C延伸。短短几年，我国C2C电子商务从无到有，从2001年的C2C交易额4亿元增长到2007年的581亿元。截至2009年，我国电子商务交易额达到3.7万亿元，同比增长19.12%，相比国内生产总值(GDP)8%左右的增速，成为一道亮丽的风景线。

(4) 激烈竞争阶段(2010—2014年)。这一时期，电子商务交易额继续高速增长，其中网络购物市场依然火爆，占社会商品零售总额的比例大幅度提高，一批国家级电子商务示范基地启动。传统行业不断尝试电子商务应用，农村电子商务开始起步，跨境电子商务崛起，移动电子商务崭露头角。"双11"成为人们期待的网络购物节，苏宁易购、京东、国美等电商巨头发起了"史上最大规模"的电商价格战。同期，各大团购网站也在不足5年时间里，重新洗牌，形成美团、大众点评、百度糯米三家寡头垄断的相对稳定局面。2014年年底，我国电子商务已经全面超越欧盟、日本等经济体，在部分领域已经比肩美国。

(5) 稳定发展阶段(2015年至今)。2015年，国务院《关于大力发展电子商务加快培育经济新动力的意见》、国务院办公厅《关于推进线上线下互动加快商贸流通创新发展转型升级的意见》为代表的一系列支持电子商务发展的政策密集出台。伴随着大众创业、万众创新的呼声，新商业基础设施的不断完善，电子商务得到稳定发展。但我们也要看到，随着新技术的发展、移动互联网的发展、电子商务环境的日趋完善，以及消费群体的变化，各种电子商务新业态不断涌现，内容电商、社交电商开始登上历史舞台，今日头条、抖音、微信这样的产品开始将大量娱乐、社交流量转化成购物流量，微商规模迅速崛起。

1.2.2　移动电子商务的运营

移动电子商务作为电子商务的分支，它的形成得益于电子商务的深入发展，是社会经济、技术、人文发展到一定阶段的产物，它彻底克服了现代商务在时间、空间上的局限性，与商务主体最为贴近，是一个市场需求很大的综合信息服务领域。

21世纪，芬兰由于手机普及率高，移动通信和电子商务相结合的研发与应用领先，成为世界移动电子商务的开拓者。2002年1月，芬兰向人们提供通过手机支付停车费的服务，自动售货机、擦鞋机和高尔夫球场售球机等也实现手机付费。2004年5月开始，芬兰国家铁路局推广电子火车票，当地居民还可通过手机了解交通情况、影院放映情况、股市行情、旅游地相关信息等。

亚洲地区的日本也是较早进入移动商务领域的国家之一。1999年2月，日本NTT DoCoMo公司推出"i-Mode"移动上网服务；1999年12月，Vodafone Live 移动网络服务(J-sky)在日本推出，增加手机的各种附加功能。日本移动商务的业务种类可以概括在娱乐、生活信息、交易信息以及数据库等几个方面。其中，娱乐内容是日本移动商务业务中的最主要业务形式，占据整体业务内容的一半以上；其他依次为，生活信息类占20%，交易信息类占15%，数据库类占10%。

2007年美国苹果公司推出iPhone手机，2008年7月苹果App Store上线，2008年10月谷歌推出Android系统，使得手机用户可以直接让自己的账户为使用其手机的网络连接进行的商务活动付账，而不必使用信用卡或者银行账户，为商家提供了新的RFID付费解决方案，从而使商家给消费者提供更智能、更安全的服务。

推动移动电子商务发展的重大事件如表1-1所示。

表1-1　推动移动电子商务发展的部分重大事件

时间	推动移动电子商务发展的部分重大事件
1997—1999年	1997年，WAP(wireless application protocol，无线应用协议)联盟成立 1999年2月，日本NTT DoCoMo公司推出"i-Mode"移动上网服务 1999年12月，Vodafone Live 移动网络服务(J-sky)在日本推出
2000—2001年	2000年，爱立信发布第一款塞班智能手机 2000年，全球第一个商用手机浏览器 Opera Mobile 发布 2001年，Mobile Explorer 3.0发布
2007—2008年	2007年6月，苹果手机发行 2008年7月，苹果App Store上线 2008年10月，谷歌推出Android 系统

至此，移动电子商务在各国进入迅速发展期。2011年第4季度，我国智能手机市场销量达到2283万部，同比增长79.6%，环比增长16.8%，其中智能手机用户保有量为2.23亿，占总手机用户的23.2%；2012年，我国移动4G网络实现商业化，客观上为移动电子商务的发展提供了良好的支撑；2015年，我国电子商务移动端交易规模首次占比超过PC端，标志着移动电子商务产业在我国进入到了发展的快车道。从技术实现来看，我国移动电子商务分为四代。

(1) 第一代移动电子商务系统，以短讯(short messaging service，SMS)为基础的访问技术，应用于20世纪90年代中后期的非智能手机时代。但是其主要的问题在于实时性差，查询请求得不到及时回应。此外，短讯信息长度的限制也使得问题查询无法得到完整的答案。

(2) 第二代移动电子商务系统，采用基于无线访问协议(WAP)技术的方式，移动终端通过浏览器访问WAP页面，以实现信息的快速查询，较好地解决了第一代移动商务移动访问速度慢、实时性差的问题。但是其主要的问题在于交互性差，缺少灵活性和便捷性。

(3) 第三代移动电子商务系统，采用基于面向服务架构(service-oriented architecture，

SOA)的Web Service技术、智能移动终端和移动VPN技术相结合的移动访问及处理技术，从而使得第三代移动电子商务系统在安全性和交互能力方面有了极大的提高，尤其是在身份认证、数据库同步、专网通信等方面的高度融合，促进了移动电子商务系统性能的全面提升。

(4) 第四代移动电子商务系统，采用大流量无线通信技术、移动开发技术，与人工智能、云计算、物联网等技术相结合，特别是第五代无线通信技术(5G)的商用，将开启万物互联、人机交互的新时代，成为全面构建数字化社会、智慧城市的关键基础技术，结合其他新兴技术的应用，不断扩大移动电子商务的应用场景，实现"线上、线下"融合、"消费、生产"互通、"平台、生态"完善的数字经济社会新时代。当前，我国正处于第三代移动电子商务向新一代移动电子商务过渡的阶段，是经济社会发展的一个热点领域。

1.2.3 移动电子商务与传统电子商务的区别

移动电子商务与传统电子商务有很多相似之处和不同之处。从概念上讲，移动电子商务是电子商务的重要分支或重要组成部分。从应用领域来讲，移动电子商务和传统电子商务在网上信息搜索、电子邮件、网络音乐、网络游戏、网上银行、网络交易、网络订票、网络购物和娱乐等方面发挥着相同或相似的作用。因此，移动电子商务可能是电子商务的一个补充，两者表现出高度的一致性和相关性。

有学者通过研究发现，移动电子商务在时间和空间上的灵活性是对电子商务的拓展和延伸，但其面临不能连接宽带、繁杂的资费、制式和服务不够兼容等限制。另外，相对于电脑端来说，移动设备用户界面较小；有学者从网络基础设施、应用平台、终端设备等技术特性以及用户群、时间相关性、移动性等服务特性比较等进行比较分析；有学者从移动电子商务与传统电子商务的基础设施支撑技术、商务模式、终端及潜在客户群的不同进行比较分析。

经梳理，本文从技术特性(网络基础设施、移动终端)、服务特性(用户群、时空相关性、移动性)把移动电商与传统电子商务的区别进行归纳，如表1-2所示。

表1-2　移动电子商务与传统电子商务的区别

特性		移动电子商务	传统电子商务
技术特性	网络基础设施	3G、4G、5G、Wi-Fi等接入；运行速度有限	宽带、Wi-Fi等接入；速度较快
	移动终端	移动通信设备(手机等)，屏幕小、内存小、处理器运行慢，输入不便；电池续航时间有限	个人计算机，显示器屏幕大、内存大、处理器快、采用标准键盘；电源持续稳定
	技术特性	移动智能终端的操作系统；RFID射频识别技术、云计算技术、大数据技术、物联网技术、HTML5技术、移动安全技术等	Internet技术基础；Web浏览技术、EDI技术、数据库技术、电子商务信息安全技术、通信技术等

(续表)

特性		移动电子商务	传统电子商务
服务特性	用户群	覆盖面广、潜在客户群大；可以通过应用的接入进行身份识别	人群覆盖面有限；无法进行身份识别
	时空相关性	有效在线时间长；实现随时联系；软件使用呈现时间碎片化特性；可以实现地理位置定位	有效在线时间短；联系时间有限；软件使用时间较集中、持续时间较长；无法确定地理位置(局限在IP地址)
	移动性	便携、方便移动；支持移动工作者；实现丰富的应用场景	无法移动；支持固定场所工作者；应用场景有限

任务1.3　我国移动电子商务宏观环境与现状分析

1.3.1　我国移动电子商务的PEST分析

PEST分析是指影响所有产业和企业的宏观因素分析。其中，P是政治(politics)，E是经济(economy)，S是社会(society)，T是技术(technology)。通过对移动电子商务的PEST分析，我们可以从宏观因素理解移动电子商务形成的动因，也为发现其未来发展趋势提供依据。

1. Politics——政治(法律)因素

各行各业的发展都离不开政府的大力支持。近年来，国家政府对包括移动电子商务在内的电子商务发展，不断制定和完善了各种政策(见表1-3)。国家政府的推进、支持及有效监管，不仅为移动电子商务发展提供了法律基础，也保障了移动电子商务稳定的营商环境，推动移动电子商务市场良性发展。

表1-3　我国政府在电子商务领域制定的各类政策、法规

年份	国家各类政策
2010年	《电子商务示范企业创建规范》
2011年	《关于开展国家电子商务示范城市创建工作的指导意见》 《第三方电子商务交易平台服务规范》
2012年	《关于促进电子商务健康快速发展有关工作的通知》 《商务部关于利用电子商务平台开展对外贸易的若干意见》
2013年	《关于进一步促进电子商务健康快速发展有关工作的通知》 《商务部关于促进电子商务应用的实施意见》
2015年	《2015年电子商务工作的要点》
2019年	《中华人民共和国电子商务法》

2. Economy——经济因素

移动电子商务的发展，除了是市场经济、技术进步的产物，同时几次偶然事件助推其快速发展。2008年金融危机，奠定扩大内需的经济发展方向，以淘宝、京东等为首的互联网平台消费规模持续增长。2013年非典型肺炎(SARS)危机，推动更多的企业进行互联网转型，企业希望通过互联网把广告投放给更多的用户，移动端业务发展迅速。2020年新型冠状病毒危机，我国积极抗击疫情的同时，提出"六稳""六保"，实现了保民生、促经济，根据国际货币基金组织(International Monetary Fund，IMF)2020年宣布，在全球经济一片萎缩之中，中国是唯一的一抹亮色，并预计中国2020年经济增速有望达到1.9%，成为全球唯一实现经济正增长的国家。此时，移动电商已经成为推动我国经济增长不可小觑的力量。2020年5月，移动互联网全网月活用户达到11.64亿，移动互联网全面渗透到社交、电商、视频、出行、理财等行业，移动电子商务得到飞速发展。

3. Society——社会因素

以往，电子商务的用户一般都是受过良好教育、在城市居住的中高收入人群，但随着通信技术进步、网络基础设施完善，及后疫情时代影响，移动电子商务已经跟我们的生活密不可分，如移动购物、移动办公、移动健康码等。同时由于移动电子商务本身便捷性、广泛性、移动性、个性化等特点，用户特点发生改变，用户年龄跨度较广、职业维度较多、城乡差异较大、个性化及社交化需求显著。用户特点的改变也推动移动电子商务模式的不断创新，促进移动平台经济向移动生态经济发展。

4. Technology——技术因素

移动电子商务是对传统电子商务的一种延伸，是将网络通信技术和电子商务两大领域完美结合之后的成品，因此移动通信的技术支持决定着移动电子商务的未来发展。5G网络的商业化，实现更快的传输速度、更安全的传播，基于大数据、物联网、LBS、二维码等新技术的应用，使移动电子商务实现了移动购物、移动支付、移动医疗、移动游戏等场景应用，未来与量子科技、区块链、人工智能(AI)、云计算等新技术的融合应用，将会实现更多的创新应用场景，给移动电子商务用户提供更多选择、更优质的服务。

1.3.2　我国移动电子商务的现状分析

1. 我国移动电子商务用户的现状分析

1) 手机网民成为互联网主要用户

2021年2月，中国互联网络信息中心(CNNIC)发布第47次《中国互联网发展状况统计报告》(以下简称《报告》)。报告显示，截至2020年12月，我国网民规模达到9.89亿，其中手机网民规模达9.86亿，较2020年3月增长5471万，提升0.4个百分点，其他使用接入设备均有不同程度降低。我国手机网民规模及其网民比例如图1-3所示，我国互联网接入设备使用情况如图1-4所示。

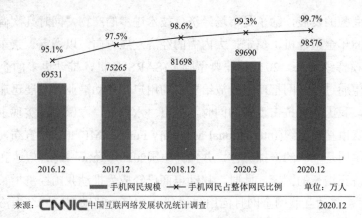

图1-3　我国手机网民规模及其占网民比例

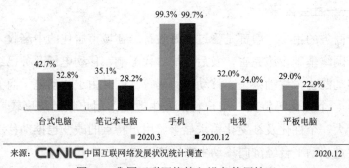

图1-4　我国互联网络接入设备使用情况

2) 城乡网民普及率差距逐年缩小

据《报告》数据显示，截至2020年12月，我国农村网民规模3.09亿，占网民整体的31.3%，较2020年3月增长5471万；城镇网民规模为6.08亿，占网民整体的68.7%，较2020年3月城镇网民增长3069万，表明城乡网民规模均有增加，其中农村网民增加较多。同期，农村互联网普及率55.9%，较2020年3月份提高9.7个百分点，城镇互联网普及率79.8%，较2020年3月提高3.3个百分点，表明城乡互联网普及率均逐年增长，并且差距缩小。我国网民城乡结构如图1-5所示，我国城乡地区互联网普及率如图1-6所示。

图1-5　我国网民城乡结构

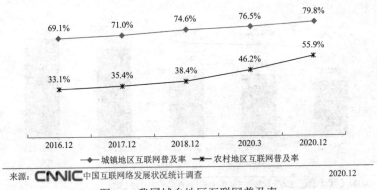

图1-6　我国城乡地区互联网普及率

2. 我国移动电子商务应用的现状分析

1) 我国移动电子商务应用稳定增长

2020年, 我国移动电子商务应用稳定增长, 由于政策等因素影响, 手机在线教育和手机网络游戏呈负增长, 其他移动应用均呈正向增长。增长率排前5名的, 分别是手机网络支付、手机网络购物、手机即时通信、手机网上外卖、手机网络音乐, 增长率分别为11.4%、10.3%、9.9%、5.3%、3.8%, 如图1-7所示。

应用	2020.3		2020.12		增长率
	用户规模/万	手机网民使用率	用户规模/万	手机网民使用率	
手机即时通信	89012	99.2%	97844	99.3%	9.9%
手机搜索引擎	74535	83.1%	76836	77.9%	3.1%
手机网络新闻	72642	81.0%	74108	75.2%	2.0%
手机网络购物	70749	78.9%	78058	79.2%	10.3%
手机网上外卖	39653	44.2%	41758	42.4%	5.3%
手机网络支付	76508	85.3%	85252	86.5%	11.4%
手机网络游戏	52893	59.0%	51637	52.4%	−2.4%
手机网络音乐	63274	70.5%	65653	66.6%	3.8%
手机网络文学	45255	50.5%	45878	46.5%	1.4%
手机在线教育	42023	46.9%	34073	34.6%	−18.9%

图1-7　我国移动电子商务发展情况

2) 我国移动电子商务应用增长带来的新机遇

下面, 以贡献移动电子商务的增长率前三名的手机网络支付、手机网络购物、手机即时通信为例, 分析我国移动电子商务应用增长带来的新机遇。

(1) 在移动网络支付领域, 截至2020年12月, 手机网络支付用户规模达85 252万人, 较2020年3月增长8744万, 占手机网民的86.5%, 如图1-8所示。

来源：CNNIC中国互联网络发展状况统计调查   2020.12

图1-8   2016年12月到2020年12月手机网络支付用户规模及使用率

(2) 在移动网络购物领域，截至2020年12月，我国手机网络购物用户规模达78 058万人，较2020年3月增长7309万，占手机网民的79.2%，如图1-9所示。

来源：CNNIC中国互联网络发展状况统计调查   2020.12

图1-9   2016年12月到2020年12月手机网络购物用户规模及使用率

(3) 在移动即时通信领域，截至2020年12月，我国手机即时通信用户规模达97 844万人，较2020年3月增长8831万，占手机网民的99.3%，如图1-10所示。

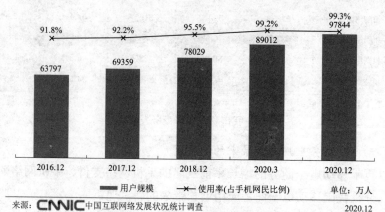

来源：CNNIC中国互联网络发展状况统计调查   2020.12

图1-10   2016年12月到2020年12月手机即时通信用户规模及使用率

3. 我国移动电子商务互联网安全现状分析

1) 安全问题是移动电子商务发展的核心问题

随着人们越来越适应互联网生活，再加上互联网的不断发展，越发严重的网络安全问题逐渐暴露出来。而移动电子商务所使用的无线通信网络在安全性上对比于相对稳定的PC(个人计算机)端网络来说更是不足，虽然有公正的第三方负责发放的数字证书等多种网络交易安全保障，但依旧存在许多网络安全隐患。仅2020年一年，我国就有3.7亿网民遇到网络安全问题，而大量信息被盗的安全问题更是时有发生，这严重阻碍了我国移动电子商务的发展。我国从国家、个人及技术等多个方面进行共同防御，筑牢移动互联网屏障，连续出台多个文件规范网络环境、保护个人信息安全。我国政府在电子商务安全领域制定的各类政策、法规如表1-4所示。

表1-4　我国政府在电子商务安全领域制定的各类政策、法规

出台时间	名称
2017年1月	《关于促进移动互联网健康有序发展的意见》
2019年4月	《互联网个人信息安全保护指南》
2019年11月	《教育移动互联网应用程序备案管理办法》
2020年9月	《网络安全标准实践指南——移动互联网应用程序(App)个人信息保护常见问题及处置指南》
2021年3月	《常见类型移动互联网应用程序必要个人信息范围规定》

2) 我国移动电子商务互联网安全性整体有所提升

截至2020年12月，我国有61.7%网民表示，过去半年未遭遇到网络安全问题，较2020年3月提升5.3%。同时，由于国家、个人、技术层面对网络安全的重视，网民遭遇各类网络安全问题的比例均有所下降，其中降幅最大的是网络诈骗，比2020年3月下降4.7%，其次是账号或者密码被盗，比2020年3月下降4.3%，如图1-11所示。而在遭遇的各类网络诈骗问题中，降幅最大的是冒充好友诈骗，比2020年3月下降9.8%，其次是虚拟中奖信息诈骗，比2020年3月下降4.7%，如图1-12所示。我国移动电子商务网络安全性整体有所提升，为移动电子商务的创新发展，提供良好的环境保障。

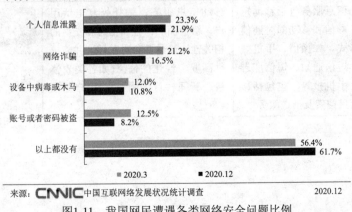

图1-11　我国网民遭遇各类网络安全问题比例

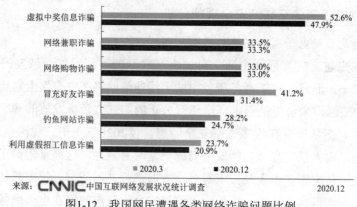

图1-12　我国网民遭遇各类网络诈骗问题比例

任务1.4　我国移动电子商务在行业中的应用及发展趋势

1.4.1　我国移动电子商务在各行业中的应用

移动电子商务是移动通信技术和传统电子商务融合的产物。下面，以我国移动电商典型领域为背景，从移动电商生活服务领域、移动电商金融领域、移动电商办公领域、移动电商政务领域，对移动支付、移动金融、移动办公、移动学习、移动政务等方面的典型应用做出梳理。

1. 移动电商在生活服务领域的应用

移动电商在生活服务领域为人们提供资讯、新闻、购物、物流、出行、医疗等方面的生活服务，如表1-5所示。

表1-5　移动电商在生活服务领域的应用

应用	定义	特点	典型应用场景
移动信息服务	移动信息服务包括移动短信、彩信和移动即时通信等形式，如微信、手机微博、短信通知、短信广告以及手机报等，也包括移动信息搜索及推送服务	移动信息服务，依托蜂窝电话用户，覆盖面广；强调信息和交易的相关性、简易性和时效性，并能提供高度个性化的信息(如各类表情包、新闻栏目订阅等)，用户黏性相对较高	......

(续表)

应用	定义	特点	典型应用场景
移动购物	移动购物是移动商务发展到一定程度所衍生出来的一个分支，从属于移动商务，又是移动商务一个更高的发展层次	移动购物由于拥有便捷、用户规模大、有较好的身份认证基础、节省社会资源和成本等优势，近几年不仅方便了人们的生活，也为我国国际国内"双循环"经济建设，提供有力支撑。而移动购物，也从一开始的B2B，B2C模式向C2C、O2O模式的本地生活领域发展，近几年又呈现向跨境电商领域延伸的趋势	
移动物流	移动物流是运用移动互联网信息化手段和现代化方式对物流资源进行全方位整合，实现物流信息系统的移动化	通过移动终端随时随地满足物流行业车辆定位、内部沟通、客户服务等需求。比如，货物出入库申请，实现在线审批流程；盘点库房中的存货情况；危险品运输全程监控，重要运输物品的全程可视化；快递配送信息的实时查询，送货预约等	
移动出行	移动出行是借助移动互联网、云计算、大数据、人工智能等技术，以移动应用平台为依托，以城市地理信息为基础，进行交通资源的整合和开放共享，对传统出行模式带来了颠覆性的变革，提供人、车和路高效匹配的解决方案	移动出行按服务类型分类，可分为网约车、共享单车和共享汽车等；按出行目的分类，可分为移动商务出行、移动旅游出行。我国移动出行行业2019年整体交易规模突破3240亿元，并保持快速增长。移动出行市场呈现四大特点：第一，供给能力不断强化；第二，电动化逐渐成为新增长点；第三，行业规范化持续推进；第四，盈利能力进一步提升	
移动医疗	移动医疗是通过使用移动通信技术或移动设备来提供医疗服务和信息。移动医疗逐步改变了过去人们只能前往医院"看病"的传统模式	现在人们可以通过移动可穿戴设备等终端向医生提供身体状况数据信息，随时听取医生的建议，也可以通过各种移动App随时了解和查询健康常识、疾病常见问题、就医推荐等信息。截至2020年12月，我国在线医疗用户规模为2.15亿，占网民整体的21.7%，发展空间巨大	

2. 移动电商在金融服务领域的应用

随着互联网发展，大数据、云计算、区块链技术的成熟，移动电商在支付及金融领域的应用越来越普及，并随着移动场景的增加，移动支付将不断升级，移动金融将不断创新，更好地为社会主义现代化建设和乡村振兴建设提供金融保障，如表1-6所示。

表1-6　移动电商在金融服务领域的应用

应用	定义	特点	典型应用场景
移动支付	移动支付也称为手机支付，即允许用户使用其移动终端对所消费的商品或服务进行账务支付的一种服务方式。整个移动支付价值链包括移动运营商、支付服务商、应用提供商、设备提供商、系统集成商、商家和终端用户	目前，主要利用手机实现款项支付或移动条件下(POS机)的支付。移动支付实现的形式包括基于第三方平台移动支付(手机支付宝、微信等)、手机银行、手机储值卡或移动预付费、代交费等。目前已有的应用有支付宝、财付通、微信支付等。随着数字人民币的使用，多家国有商业银行开通数字钱包服务，未来将提供更加便捷、安全的移动支付	
移动金融	移动金融是指使用移动智能终端(包括智能手机、平板电脑和无线POS机等)通过移动无线互联技术处理企业内部管理和对外产品或服务的解决方案	随着应用场景的不断拓展，移动金融应用的类型逐渐丰富，能够满足用户的存、取、借贷、理财等多元化需求。国内主流的移动金融应用主要分为两种类型：一种是将部分金融业务进行移动网络化；另一种是在移动终端平台上进行金融产品或服务创新	

3. 移动电商在商务办公服务领域的应用

移动商务由其便捷性、即时性、安全性等特点，对于全球化及疫情影响下的商务办公及在线学习，提供解决方案。移动电商在商务办公服务领域的应用如表1-7所示。

表1-7　移动电商在商务办公服务领域的应用

应用	定义	特点	典型应用场景
移动办公	移动办公是指办公人员利用无线网络和手机等移动智能终端随时随地地处理公司业务，并与相关人员进行沟通的活动	在移动互联网时代，移动办公为企业在丰富组织成员协作方式、重构组织运转流程、节省企业成本方面做出贡献，同时移动办公通过免费开放基本功能，培养用户习惯，向平台生态化方向发展	

(续表)

应用	定义	特点	典型应用场景
移动学习	移动学习是指在移动设备帮助下,人们能够在任何时间、任何地点进行学习	在移动学习下,人们采用微博、微信、微课和教学视频等形式开展碎片化学习,实现了慕课、翻转课堂和移动学习等移动互联网时代的学习创新	……

4. 移动电商在政务服务领域的应用

随着数字城市及我国移动电子商务的发展,移动政务由于可以有效提高政府办事效率(企业营商环境服务、群众政府办事服务)、信息公开功能、政策咨询功能等,一经上线,受到群众好评,现在全国已有32个省市上线移动政务平台,实现移动政务全覆盖。移动电商在政务服务领域的应用如表1-8所示。

表1-8 移动电商在政务服务领域的应用

应用	定义	特点	典型应用场景
移动政务	移动政务是通过手机、掌上电脑、无线网络、蓝牙,以及RFID等技术为用户提供的公共服务	目前我国政务App在全国32个省市中实现了全覆盖,随着移动互联网、人工智能、大数据、区块链等数字技术的发展深入,政府机构与公众的沟通与交互正在从"媒体化"阶段过渡到"平台化"阶段,帮助政府改善线下政务服务水平,提升公众的服务体验	……

1.4.2 我国移动电子商务未来趋势

1. 智能化趋势

智能化,可视为电商在纵向上的发展。随着软硬件技术的迅猛提高,电商网站规模不断增大与消费者需求日益个性化之间的矛盾有望得到解决。"智能化虚拟导购机器人"在未来的网站中可以依托云计算等技术对网站大量数据资源进行智能化处理,从而实现为消费者提供更加人性化的服务。同时,利用智能技术,人们能够实现多种跨平台信息的更为有效迅捷的融合,例如根据网民消费者在操作过程中所表现出的操作特性以及从外部数据库中调用的消费者历史操作资讯,有针对性地生成优化方案,及时、迅速地满足消费者的个性化即时需求,最终提高消费体验,增大消费转化率,增加消费者满意程度及网站黏性。在B2B领域,信息也将依托智能技术而进一步商品化。各种信息将被更加智能化地收集和整理,以便被商业用户所定制。智能化数据分析功能可帮助商业客户从简单的数据处理业务提升到智能的数据库挖掘,为企业提供更有价值的决策参考。

2. 延展化趋势

延展化，可视为电商在横向上的产业拓展。电商将从如今的集中于网上交易货物及服务，向行业运作的各环节领域扩展和延伸。在企业内部，电商元素将渗透到企业管理、内部业务流程；在外部产业群领域，电商的发展将激活和带动一系列上下游产业(如结算、包装、物流配送、基于位置服务等领域)的发展。此外，电商的发展还将引导周边相关产业的创新与升级，如利用智能化远程水电煤表进行远程自动查表与收费，而这些创新反过来又将促使电商模式的不断升级拓展。

3. 规范化趋势

规范化，可视为电商市场将进一步得到健全和规范。商品与服务的提供方在售前的货源品质保障、售中的宣传推介和售后的服务兑现等方面将随着市场完善和相关法律及奖惩措施的出台而变得更加规范自律。一是表现为普遍存在的假冒伪劣商品在将来的生存空间越来越小；二是表现为，随着地球环境的不断恶化和社会价值的逐步转变，环保低碳的共识将在消费者之间慢慢产生，进而影响到电商领域，将环保等理念融入到行业中来。在这一进程中，一些相关法令制度的颁布将迫使电商从业者们通过规范化运营来获取竞争优势。

4. 分工化趋势

伴随电商在横向纵向领域不断发展的进程中，越来越多的专业服务型网站将填充在整个电商行业链条的各中间环节，将出现越来越多像返利网、最低价网这类处于消费者和电商网站两个链环之间进行专业化资源对接的网站，在网站与物流之间、与广告推广之间、与银行支付系统之间都将出现专业化的分工机构，以提升整体行业链条的效率、降低系统成本。这类网站在功能和应用方面都将不断进行创新。

5. 区域化趋势

由于我国经济发展的不平衡，地区生活水平、自然条件、风俗习惯、教育水平的差异，网民结构的差异性很大，这必将在网络经济和电子商务发展中表现出区域差异。以当前快速发展的团购类网站为例，在美团网、拉手网、糯米网等团队的运营能力中区域化经营都表现出了不可替代的重要性。未来电商服务从板块式经营模式向细分市场模式发展，更加符合和贴近当地生活习惯的本地化电商模式将层出不穷，各个区域群体的个性化需求将得到满足。

6. 大众化趋势

在我国经济向中西部地区发展，全国各地城镇化建设的进程中，传统大城市之外的更为广阔的城镇农村地区将成为巨大市场，除了常规电商行业，各种新的需求，例如远程教学、远程医疗会诊、远程培训等将得到迅速发展，更多的人群将参与到越来越大众化的电商服务中。

7. 国际化趋势

电商国际化趋势带有历史的必然性。我国的网络经济已成为国际资本的投资热点，一方面国际资本的直接注入，将加速我国电商整体实力的提高，缩小我国电商企业与国际同行们的差距，以最终实现"走出去"面向全球消费者；另一方面国际电商在我国的本地化投资运营，既能够通过竞争提高我国电商企业能力，同时也为我国中小企业带来在全世界展示自己的专业通道。这种内外双方的交互融合渗透将是未来电商不可缺失的发展环节。

项目小结

本项目主要介绍了移动电子商务的定义和特点，移动电子商务的发展阶段，通过PEST分析揭示我国移动电子商务宏观环境及发展现状，进而归纳总结移动电子商务在我国各行业中的应用，并分享移动电子商务未来趋势。

项目拓展

【岗位介绍】

岗位：移动运营专员

1. 岗位职责

(1) 负责公司移动端产品的运营和推广工作。

(2) 制定品牌策略，参与撰写市场推广文案，有针对性地策划各类营销方案，提升产品品牌知名度，提升产品活跃度及口碑，引流并完成转化。

(3) 根据产品形态制定多端SEO策略，进行移动端的推广，完成下载量、安装量、活跃度目标等指标的统计，并周期性复盘优化成本结构，对获客及转化等指标负责。

(4) 整理每日、周、月监控的数据，包括产品管理、活动排期和客户管理。

(5) 负责建立媒体资源库，对其进行分类并进行实时管理、更新。

2. 任职要求

(1) 熟悉并热爱各种互联网流行的新兴传播手段(如微博、SNS推广、BBS 推广和官网管理)，热爱网络流行文化，能掌握并熟练应用大部分的网络流行语言。

(2) 具有App、WAP 产品推广与运营经验，有Android或iOS产品规划与设计管理的实际经验者或有SEO/SEM经验及成绩，有免费及付费渠道的市场推广经验者优先。

(3) 具有较强的营销策划、资源整合和业务推动能力，优秀的文字功底，能理解用户需求，对市场、产品敏感，善于制造话题和策划活动。

(4) 具有优秀的数据分析能力，通过数据及时发现问题并进行改进，确保资源分配的合理与高效，了解市场动态和目标用户心理。

3. 基本要求

(1) 熟悉OSI、TCP/IP基本原理，熟悉各类网络开发语言和网页制作工具，熟悉和掌握各类互联网接入方案。

(2) 掌握移动电子商务安全的相关概念，了解移动电子商务中的安全问题。

(3) 了解移动支付与传统支付的差异，熟悉各类移动支付金融网络系统，理解常用的几类移动支付工具，了解主要的移动支付软件。

(4) 了解物流的基本理论、电子商务与物流的关系，以及与电子商务物流相关的技术和第三方物流。

(5) 对于行业操作手法及互联网企业合作方式有明确且全面的认知。

【实训操练】

手机微信公众号购物流程如图1-13所示。

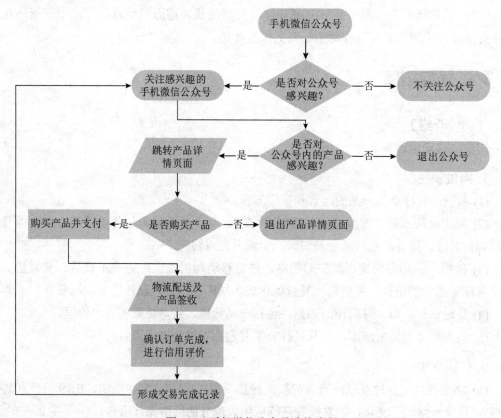

图1-13　手机微信公众号购物流程

1. 实训目标

(1) 利用手机，进行购物体验，了解移动商务网店的基本购物流程。

(2) 掌握移动电子商务手机购物及支付的方法。

(3) 体验移动电子商务的基本应用。

2. 实训环境

4G/5G Android 或iOS 智能手机，开通4G/5G网络或连接Wi-Fi，有微信应用。

3. 实训背景

手机购物是移动电子商务的基本形式，是利用手机上网、实现网购的过程。手机购物让人们可以随时随地便捷地利用电子商务，满足人们随时随地产生的购物需求。

通过微信实现手机移动购物，从宣传到购买一般经历以下几个阶段：公域造势，吸引人气——私域转化，增加粉丝——线上店铺，实现购买——微信支付，完成消费——第三方物流，完成配送——签收评价，交易结束，如图1-14所示。

图1-14　通过微信实现手机移动购物的六个阶段

下面以一个少儿科普类公众号"魔力科学小实验"为例，展示用户利用手机微信得到产品信息、购买支付、第三方物流到签收评价的过程。此款公众号以青少年为目标人群，定期推出科普小实验，并讲解简单科学原理，深受大、小朋友及家长的喜爱，科普视频全网播放量超5亿。公众号"魔力科学小实验"首页如图1-15所示。

图1-15　公众号"魔力科学小实验"首页

4. 实训指导

1) 进入公众号页面

进入"微信"，搜索"公众号"，并键入"魔力科学小实验"，进入首页并关注该公众号。

2) 产品选择与购买

(1) 产品选择。该公众号不定期更新推文，基本分为两大类，一类为科普视频类推文，另一类为含产品信息类的推文。在含产品信息类推文中，用户可以选择喜欢的产品进行购买，如图1-16所示。

图1-16　公众推送(包含产品信息)的软文

(2) 产品详细信息查询。单击公众号内"产品信息"，跳转到微信小程序"科爸优品"，用户轻松实现小程序商城的一键跳转登录，无须退出微信即可在小程序里查看更详细的产品信息，方便用户购买，如图1-17所示。

图1-17　小程序商城"科爸优品"的进入及产品详情页

(3) 产品购买。单击"产品详细信息"页面的"立即购买"或"加入购物车"(不是立即购买，用户再次登录时，产品仍保留在购物车内)。如单击"立即购买"，将进入购买页面，选择购买的规格、颜色、数量等产品属性，进行购买并支付，这里支付跳转到微信支付，而微信支付可以绑定银行卡、信用卡等，实现微信内支付，不用跳转其他支付网站，用时较短，用户体验较好。

3) 物流配送及签收

(1) 物流配送信息设置。为保证用户所购买的商品能及时送到收货人手中，用户首先需要正确填写送货信息，包括送货区域、详细地址、收货人姓名、电话，以及送货时间、邮政编码等，并提交保存，系统将根据用户指定的送货区域匹配相应的配送方式及配送机构。

(2) 宝贝配送。支付成功后，将进入物流配送环节，用户可以在手机上查看自己订单的物流信息及当前的配送状态，如图1-18所示。

(3) 宝贝签收。当用户收到配送机构送达的货物后，请按以下步骤进行签收。

① 检查货物的外包装是否完好，包括封条是否完整、包装是否完好、有无拆开痕迹、有无进水痕迹等。若发现类似迹象，立即拒收货物。

② 若货物外观无异常，打开包装检查包装内货物有无破损、单据是否齐全、单据商品信息是否与实物一致等。若发现异常，请立即拒收货物，并联系网站客服反馈信息；若无异常请直接签收，货到付款的订单需要用户现场全额付款。

③ 若用户在开包后因为货物异常或其他原因要求退货，请协助配送人员现场包装好货物，以免在货物返回过程中出现货物丢失或调包的情况。

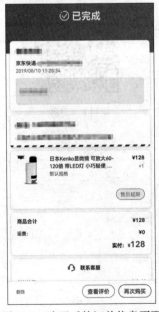

图1-18 购买后的订单信息页面

4) 确认订单完成，进行信用评价

当签收货物且没有发现问题时，应通知微信支付向卖家付款，并对卖家进行评价。用户确认订单完成并评价的页面如图1-19所示。

< 评价晒单

非常好

系统默认好评

图1-19　用户确认订单完成并评价的页面

5. 实训要求

(1) 在自己手机上，找到一个已关注的微信公众号，找到该公众号有关产品信息推荐(订购)的文章。

(2) 单击产品信息，并关注公众号跳转到哪个平台的企业商城。

(3) 挑选合适的产品，进行购买，体验微信支付。

(4) 体验物流配送及签收，并关注是哪家第三方物流公司进行的配送，配送服务如何；

(5) 确认完成订单，并评价。

【知识巩固与提升】

项目1　习题

项目2 | 移动电子商务技术基础及应用

项目描述

通过本项目的学习，学生能够了解移动通信技术基本知识，熟悉移动数据网基本核心技术，熟悉二维码技术概念与编码技术，了解移动终端的分类与应用、发展趋势等。通过本项目的学习，学生能基本了解移动电子商务技术基础知识和应用领域。

项目目标

【知识目标】

(1) 了解移动通信技术及移动数据业务。

(2) 掌握二维码技术概念和编码。

(3) 熟悉移动终端分类与应用。

【技能目标】

(1) 熟悉移动数据业务中使用较多的三种短消息业务的使用方式。

(2) 能够利用二维码技术进行二维码编码。

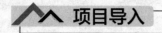 项目导入

【思维导图】

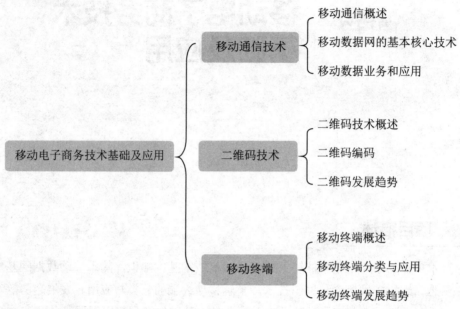

【案例导入】

❧ 二维码应用 ❧

【二维码汽车票】用户通过网络购买车票，在输入购票信息，完成电子支付后，即可完成车票的预订，稍后绑定手机会收到二维码电子票信息，旅客凭该信息即可到客运站换票或直接检票登车。同样地，飞机票、火车票、展会门票、影票等通过二维码都能实现电子化。

【二维码会议签到】在会议开始前一两天，会议主办方统一给参会者发送短信或微信通知，其中附带参会签到二维码，参会者到达现场后，出示二维码或者出示手机联系电话进行验证，验证通过之后进场即可。二维码会议签到，省去了过去通过纸质入场券签到的复杂性，提高了签到的速度和效率。

随着二维码行业的逐渐成熟，以及手机终端智能化的发展，二维码的应用将会越来越多，二维码必将深入百姓生活的每一个角落。

资料来源：二维码应用案例[EB/OL]. (2020-07-26)[2021-05-08]. https://max.book118.com/html/2020/0726/6203215004002223.shtm.

思考与讨论：

(1) 日常生活中，你还见过哪些地方可以用到二维码？

(2) 你觉得二维码用途为什么如此广泛？

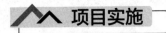 项目实施

任务2.1　移动通信技术

2.1.1　移动通信概述

1. 移动通信网与移动数据网

近十多年来，我国移动通信快速发展，移动通信网已实现从模拟网向数字网的转换。移动通信网与固定通信网一样，不论是从用户对业务的需求，还是从网络运营商提供的服务以及通信设备研发生产商来看，都可以分为三个层次：第一个层次为语音；第二个层次为数据；第三个层次为视频和多媒体。

我们将后两个层次的业务通称为移动数据业务，例如短消息、传真、电子邮件、文件、图像、浏览网页等。为用户提供移动数据业务的移动通信网，又可称为移动数据网。为用户专门提供移动数据业务而不提供语音业务的，称为专用移动数据网(或简称为移动数据网，或无线分组数据网)。

随着技术的发展，语音和视频等实时业务将完全以分组数据的形式传送，那时，移动通信网也就完全变成了移动数据网。

2. 移动互联网

1) 移动互联网的形成

十多年来，互联网快速发展，已遍及世界各个角落，并正在以强劲的技术和巨大的市场动力发展成世界公共统一的通信大平台。互联网不仅为人们提供丰富多彩的信息服务，还为人们提供电信级质量的语音、视频和多媒体通信服务。与此同时，移动互联网也随着移动通信网的发展而快速发展。"移动互联网"一般是指移动终端通过移动网接入互联网，支持终端的移动性(漫游和运动状态)。移动互联网的发展先后经历了"打电话—发短信—手机上网—生活应用—工作应用"5个发展阶段(见图2-1)，实现了移动互联网的快速发展，实现了从通信时期，到传统互联网移动化时期，再到移动互联网时期的转变，移动互联网在基本能力、支撑能力等方面都发生了显著的变化(见表2-1)。

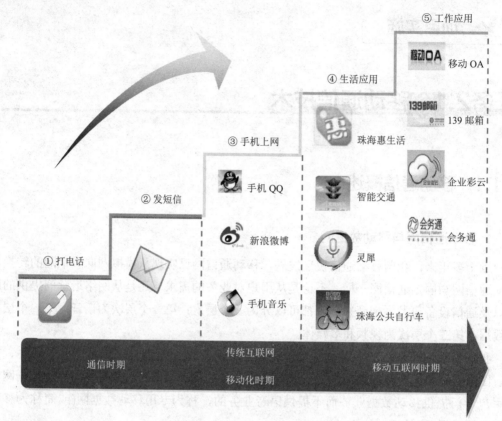

图2-1　移动互联网的发展

表2-1　移动互联网发展变化

3个时期	5个阶段	基本能力	支撑能力	典型应用	应用时间
通信时期	打电话	打电话	号码存储、黑白名单	主叫显示、来电提醒、呼叫转移	——
	发短信	发短信	短信编辑、转发、存储	定时发送	——
传统互联网移动化时期	手机上网	手机具备上网功能	高像素、摄像功能、媒体播放	新闻浏览、手机游戏、无线音乐、移动微博	碎片时间
移动互联网时期	生活应用	支持客户端	号码认证、移动定位、移动支付、二维码	南航客户端、飞常准、微信、美团等	日常生活时间
	工作应用	3G/4G高速上网、大屏幕、支持客户端、四核	号码认证、移动定位、二维码	移动OA、企业彩云、资料云、统一通讯录、会务通等	移动办公时间

与此同时，手机正在扮演全新的角色，成为人们生活、娱乐、学习、工作的好帮手。特别是智能手机的一系列属性(见图2-2)，决定了移动互联网的能力远远超过传统互联网。

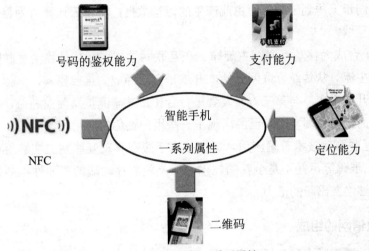

图2-2 智能手机一系列属性

2) 移动互联网的特点

(1) 便捷性。移动互联网的基础网络是一张立体的网络，GPRS、EDGE、3G、4G和WLAN或Wi-Fi构成的无缝覆盖，使得移动终端具有通过上述任何形式方便联通网络的特性。

(2) 即时性。由于移动互联网有了上述便捷性，人们可以充分利用生活中、工作中的碎片化时间，接受和处理互联网的各类信息，再也不用担心错过任何重要信息、时效信息了。

(3) 定向性。基于LBS的位置服务，移动互联网不仅能够定位移动终端所在的位置，还能够根据移动终端的趋向性，确定下一步可能去往的位置，使得相关服务具有可靠的定位性和定向性。

(4) 精准性。无论是什么样的移动终端，其个性化程度都相当高，尤其是智能手机，每一个电话号码都精确地指向了明确的个体，使得移动互联网能够针对不同的个体，提供更为精准的个性化服务。

(5) 感触性。移动互联网的感触性不仅仅体现在移动终端屏幕的感触层面，还体现在照相、摄像、二维码扫描，以及重力感应、磁场感应、移动感应，温度、湿度感应等层面，甚至体现在人体心电感应、血压感应、脉搏感应等层面。

3) 移动互联网的发展趋势

(1) 移动互联网入口争夺已深入底层。目前，整个移动互联网入口争夺的主要态势已经深入底层。所谓入口，就是用户使用移动终端上网时首先使用的服务或者首先登录的页面。现有的移动互联网的参与者都在进行系统的布局，他们也希望将PC互联网领域中的一些入口移植到移动互联网。这对未来把握移动互联网的生态，包括商业模式等都会有非常深远的影响。

(2) 多屏融合，大数据、云计算的深入运用。移动互联网正处于一个高速发展期。跨屏融合已是大势所趋，用户拥有越来越多的智能终端，为了统一多终端的数据，多屏产生的数据必须要同步上传到云端，而由此产生的海量数据，将使云计算成为整个行业当中非常重要的一个领域。

(3) 开放平台成为移动互联网主旋律。在互联网领域，尤其是移动互联网领域，平台的开放将成为主流。从传统互联网开始，开放平台已经成为重要模式，掌握大量用户的公司往往倾向于开放平台，与第三方开发者进行合作，共享流量及商业利益，这是一个互利共赢的模式。而在移动端，当前已经出现了一些用户过亿的应用，如微信。

(4) 移动互联网新技术普遍应用。新的技术手段在移动互联网上能够得到广泛应用，如HTML5、二维码等，并不是全新的技术，但是随着移动端的重要性不断提高，这些技术在移动端能够焕发出新的活力。

3. 移动通信网的组成

典型的移动通信网由移动通信交换局(MTX)、基地站(BS)、移动台(MS)，以及局间和局站间的中继线组成(见图2-3)。移动台和基地站、移动台和转动台之间采用无线传输方式。基地站与移动通信交换局，移动通信交换局与有线网(PSTN)之间一般采用有线(中继线)方式进行信息传输。移动交换局和基地站担负信息交换和接续以及对无线频道的控制等。基站与移动台都没有收发信机，收发信共用装置和天线、馈线等。每个基站都有一个有发信功率与天线高度所确定的地理覆盖范围，称为覆盖区。由多个覆盖区组成全系统的服务区。

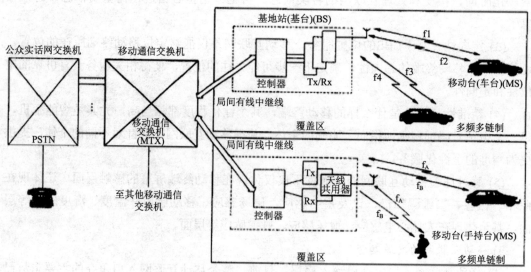

图2-3　移动通信网组成

4. 移动数据通信的发展

1) 移动数据网分类

按照覆盖范围，移动数据网可分为广域网和局域网两种。

(1) 广域网。如基于各代(1G，2G，2.5G，3G)蜂窝网的移动数据网、专用的公众移动分组数据网，其主要特点是窄带低速、覆盖广、可快速运动。

(2) 局域网。WLAN，HIPELAN，WATM属于局域网，其主要特点是宽带高速率、覆盖窄、慢速运动。

此外，数字集群系统(TETRA)和数字无绳电话系统(DECT、PHS)也可以提供移动数据业务。

2) 移动数据发展面临的发展挑战

(1) 有限的频率资源与提高数据速率的矛盾，要求提高系统的有效性。

(2) 开放式无线信道特性与传输的可靠性的矛盾，要求提高系统的可靠性。

(3) 传统的IP网络选路与寻址方式与终端移动性的矛盾，要求解决移动性管理问题。使用移动IP是解决该问题的有效方案。

(4) 实时业务(如话音、视频、多媒体)服务质量(quality of service，QoS)要求与传统分组数据传输机制性能的矛盾。要求移动数据网引入新的机制，提高QoS保障能力。

(5) 移动终端小型化、便携性要求(硬、软件资源有限)与功能多、性能好要求的矛盾。当前利用无线应用协议(WAP)实现手机上网是解决该矛盾的一项新技术。

以上几方面(矛盾)构成了移动数据网基本的核心课题，其中第(1)项和第(2)项是网络空中接口要解决的基本核心课题，第(3)项和第(4)项是网络层要解决的基本核心课题，第(5)项是移动终端和应用要解决的基本核心课题。

2.1.2 移动数据网的基本核心技术

1. 空中接口的核心技术

空中接口主要涉及协议栈的物理层、MAC(medium access control，媒质接入控制)层、数据链路层等(见图2-4)。对移动无线网络来说，提高系统的可靠性和有效性关键在于物理层。随着移动通信技术的发展，物理层在多址、数字调制、功率控制、接收和检测等方面不断采用新的技术。在MAC层优化接入算法，提高接入效率，从而不断改善无线链路的性能。

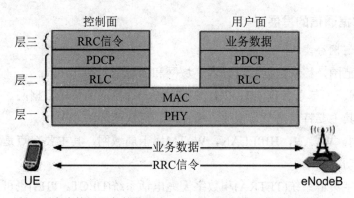

层三：空中接口服务的使用者，即RRC信令及用户面数据
层二：对不同的层三数据进行区分标示，并提供不同的服务
层一：物理层，为高层的数据提供无线资源及物理层的处理

图2-4　空中接口的核心技术

2. 网络层的核心技术

在基于分组交换方式的移动数据网中，各种数据业务是以分组形式传送的，分组传送的基本要求有两点：一是选择正确的传送路径，二是按业务质量要求传送(如吞吐量、差错率、时延和时延抖动等)。这就构成了网络层的两个基本核心技术：选路(路由)技术和服务质量(QoS)。

1) 选路技术

各种移动数据网普遍采用类似移动IP选路机制(或称为路由技术)，它是通过网络的移动性管理(mobile management，MM)功能来实现的。

移动IP是因特网工程任务组(internet enyineering tast force，IETF)提出的移动主机(mobile host，MH)在互联网(IP网络)中的选路协议，该协议能对IP网络中的MH的动态路由进行管理。该协议是网络层的协议，与其底层的物理网络无关。移动IP采用代理技术和隧道技术来支持MH的移动性，即MH使用一个固定的IP地址在漫游过程中始终能保持与网络中其他主机的IP路由不中断。

移动数据网中MM的选路机制虽类似于移动IP，但并不是同一个协议。因此，在移动网向全IP网络的发展演进过程中，MM的选路机制将逐步由移动IP来取代。

2) 服务质量(QoS)

移动数据网可以提供各种类型的业务，如语音、传真、短消息、文件、图像、视频、多媒体等。不同业务对服务质量(QoS)的要求不同。评价QoS的主要指标有吞吐量、差错率、传输时延、时延抖动(延时最大值与最小值之差)等。不同业务的QoS评价指标是不同的。实时性强的业务(如语音、视频、多媒体业务)对各项指标要求都比较严(高吞吐量、低差错率、时延及其抖动小)。

QoS问题实质上是网络为业务提供资源保障的问题，这对基于电路交换的各种业务比较容易解决，但对基于分组交换的各种业务比较困难和复杂，尤其是无线链路的复杂性和移动终端的移动性给解决QoS问题增加了难度。在这种情况下，要由移动数据网的物理层、MAC层、链路层、IP层、TCP层和应用层共同来保障，各层要根据无线移动环境的特点和应用业务的要求采用相应的措施，进行优化、改进和适配。

2.1.3 移动数据业务和应用

1. 移动数据的业务

近些年来，移动通信迅猛发展，运营商把移动通信业务逐步从话音业务拓展到数据业务上来。移动数据业务是从短消息业务(SMS)发展起来的，很快形成一场短消息的热潮。

5G移动网和移动智能网技术的应用、移动互联网提供的丰富多彩内容以及灵活多样的商业模式，给移动数据业务的发展注入强大动力。移动数据网支持TCP/IP(Transmission Control Protocol/Internet Protocol，传输控制协议/网际协议)，因此目前种类丰富的互联网应用协议均可在此之上使用。随着WAP(无线应用协议)的采用，移动数据会向用户提供更为丰富的增值业务，从而使得用户可以像固定用户一样方便地使用互联网上的各种服务，这将极大地促进移动数据业务的使用。

随着技术和市场的发展，运营商正在进一步提供多媒体消息业务、视频电话、视频点播、无线高速上网以及其他移动数据业务。由此可见，运营商已经把目标从过去的单纯地提供语音业务迅速转变为提供以移动互联网为基础的数据业务。

下面简单介绍一下目前使用较多的三种短消息业务：SMS(short messaging service，普通短消息业务)、EMS(enhanced message service，增强型短消息业务)和MMS(multimedia messaging service，多媒体短消息业务)三种短消息业务对比如表2-2所示。

表2-2 三种短消息业务对比

名称	定义	优势
SMS	最早使用的、目前普及率最高的一种短消息业务	手机内(或其他移动终端)输入一段文字(在140字节之内)后发送，由网络SMS中心储存转发给接收终端，使用简便，受到用户的欢迎
EMS	SMS增强版本	可以像SMS那样发送文本短信息之外，还可以发送简单的图像、声音和动画等信息，也可以集成几种信息在EMS手机上显示
MMS	支持多媒体，对于信息内容的大小或复杂性几乎没有任何限制	MMS既可收发多媒体短消息，包括文本、声音、图像、视频等；还可以收发包含附件的邮件等。MMS支持手机贺卡、手机图片、手机屏保、手机地图、商业卡片、卡通、交互式视频等多媒体业务

2. 移动数据的应用

移动数据的应用领域主要有以下三种。

(1) 社会应用领域，包括现场交易(销售、采购、股市、电子商务、电子银行)、公用事业(水、电、气)、公共服务(为公众提供信息服务)、交通娱乐服务业(班次、票务)、交通监控调度、紧急公务(公安、消防、速递、救灾、急救)、现场工作人员(记者、医生、维护人员)、固定应用(POS机、无人售货机、水文气象遥测)等。

(2) 私人应用领域，包括电子邮件、浏览web页、在线聊天、移动可视电话、视频新闻等。

(3) 办公应用领域，包括移动办公室、现场电视会议等。

任务2.2 二维码技术

2.2.1 二维码技术概述

1. 二维码概念

条形码(即一维码)起源于20世纪40年代，应用于20世纪70年代，普及于20世纪80年代。条形码是由一组规则排列的条、空以及对应的字符组成的标记，如图2-5所示，条形码在自动识别技术中占有重要的地位，在商品流通、图书管理、邮政管理、银行系统等许多领域都得到广泛的应用。

图2-5　一维条形码

随着商业模式的不断演进和发展，一维码开始暴露出不少缺点，例如数据容量较小、只能包含字母和数字、条形码遭到损坏后便不能阅读等缺点。为了弥补这些缺陷，二维码应运而生。

二维码(2-dimensional bar code)用某种特定的几何图形按一定规律在平面(二维方向上)分布的黑白相间的图形记录数据符号信息。它是指在一维条码的基础上扩展出另一维具有可读性的条码，使用黑白矩形图案表示二进制数据进行编码，被设备扫描后可获取其中所包含的信息。某二维码编码流程如图2-6所示。一维条码的宽度记载着数据，而其长度没有记载数据。二维条码的长度、宽度均记载着数据。二维条码有一维条码没有的"定位点"和"容错机制"。容错机制在即使没有辨识到全部的条码或条码有污损时，也可以正确地还原条码上的信息。

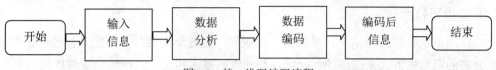

图2-6 某二维码编码流程

二维条码的种类很多，不同的机构开发出的二维条码具有不同的结构以及编写、读取方法。常见的二维码有PDF417码、QR码(见图2-7)、汉信码、颜色条码、quick mark code、data matrix。

图2-7 常见的二维条码——QR码

2. 二维码发展

美国早在20世纪40年代就出现了条码技术，而其推广性使用却发生在20世纪80年代。在70年代末80年代初期我国开始研究条形码技术，条码管理系统在部分行业得到完善和应用。早在1988年的时候，我国就成立了"中国物品编码中心"，正式申请加入国际物品编码组织协会(EAN)发生在1991年4月19日。近年来，条码凭借自身准确性高、效率高、节省开支等优势，被广大企业所认可，因此我国的条码事业发展迅速。

一维码受到信息容量的影响只能标识物品，而不对物品进行描述。为了满足日益增长的高容量需求，适应新技术的发展需要，为了使更多的条码信息在有限的空间内进行传递，二维码的出现迎合了时代的需要。在通用的商品条码系统中，需要借助数据库的支持，实现对商品生产日期、价格等信息的描述。二维码支付过程如图2-8所示。

图2-8 二维码支付

3. 二维码特点

二维码记录数据符号信息，是根据一定规则，通过借助某种特定的几何图形在二维方向上分布的图形的方式来描述的，因此，与一维码技术相比，二维码的优越性显而易见。

(1) 二维码的高密度特性。目前，一维码因信息密度比较低，只能作为一种标识，对产品难以进行描述。而这类标识无法涵盖产品的大部分信息，一旦我们需要知道产品的有关信息，必须通过识读条码而进入预先建立的以一维码为索引的数据库。

二维码通过利用垂直方向的尺寸来提高条码的信息密度。与一维码相比，二维码的信息密度是一维码的几十到几百倍，进而不需要事先建立数据库，我们就可以将产品全部或大部分信息存储在二维码中，在一定程度上实现了用条码对产品进行描述。

(2) 二维码的纠错功能。一维码的应用存在着识读时拒读(即读不出)要比误读(即读错)好的规则。当条码受到损坏时，我们可以通过键盘录入代替扫描条码。可见，一维条码没有考虑到条码本身的纠错功能，尽管引入了校验字符的概念，但仅限于防止读错。我们知道，不论何种语言文字，它们在计算机中存储时都以机内码的形式表现，而内部码都是字节码。而二维码可以表示数以千计字节的数据，如果没有纠错功能，当二维码的某部分损坏时，该条码便变得毫无意义。因此，二维码引入纠错机制。这种纠错机制使得二维码因穿孔、污损等引起局部损坏时，照样可以正确得到识读，使得二维码成为一种安全可靠的信息存储和识别的方法，这是一维码无法比拟的。

(3) 二维码表述范围广。多数一维码所能表示的字符集不过是10个数字、26个英文字母及一些特殊字符。因此要用一维码表示其他语言文字是难以实现的。而多数二维码信息表述形式为字节，即提供了一种表示字节流的机制。这样我们就可以设法将各种语言文字信息转换成字节流，然后将字节流用二维条码表示，从而为多种语言文字的条码表示提供了一条前所未有的途径。

二维码还可以表述图像。二维码可以表示字节数据，而图像存储方式也多以字节形式存储，就使图像(如照片、指纹)用二维码表示成为可能。

(4) 二维码的加密功能。使用二维码表述信息时，可以先用一定的加密算法将信息加密，然后用二维码表示。在识别二维码时，再加以一定的解密算法，就可以恢复所表示的信息，这样便可以防止诸如证件、卡片等各种信息的伪造。

2.2.2　二维码编码

1. 二维码分类

有两种类型的二维码，分别是行排式二维码和矩阵式二维码。

(1) 行排式二维码。该类二维码由一维条码组成，在编码原理上类似于一维条码，并且通常不具备纠错能力。其中颇具代表性的行排式二维码有Code49 码、Code16K 码、PDF417 码。

(2) 矩阵式二维码。该类二维码以矩阵形式组成，具有自动识别的能力，且通常都有纠错功能。其中颇具代表性的矩阵式二维码有Data Matrix 码、Code One 码、Quick Response 码(简称QR 码)、汉信码。

研究可知，QR码是当前最受欢迎的二维码类型之一，而且因为能对汉字进行编码，在国内的应用尤为广泛。QR码的基本结构如图2-9所示。

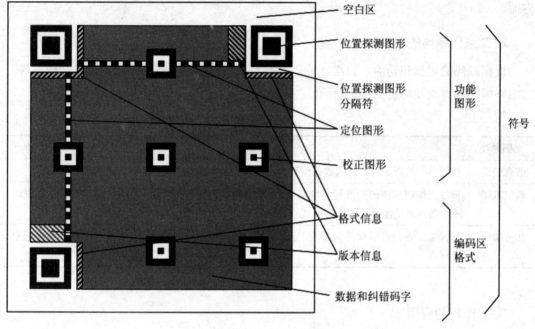

图2-9　QR码基本结构

在QR码的基本结构中，"位置探测图形""位置探测图形分隔符""定位图形"用于对二维码的定位，对每个QR码来说，其位置都是固定存在的，只是大小规格会有所差异；"校正图形"规格确定，校正图形的数量和位置也就确定了；"格式信息"表示该二维码的纠错级别，分为L、M、Q、H；

"版本信息"即二维码的规格，QR码一共提供40种不同存储密度的版本，每个版本都有固定的码元结构。码元是指构成QR码的黑白小方块。版本1的结构为21×21码元，每增加一个版本，长宽就各增加4个码元，最大的是版本40，码元为(40+1)×4+21，结构为177×177码元，如图2-10所示。版本越高，图案越复杂，能存储的内容就越多。

图2-10　各版本码元

"数据和纠错码字"是实际保存的二维码信息和纠错码字(用于修正二维码损坏带来的错误)。

QR码使用4种标准化编码模式(数字、字母数字、二进制字节和汉字)来存储数据。QR码比较普通条码可以存储更多数据,也无须在扫描时像扫描普通条码般直线对准扫描仪。因此QR码的应用范围已经扩展到包括产品跟踪、物品识别、文档管理、营销等方面。

2. 二维码编码的种类

根据编码的对象和功能,二维码编码一般包括信息编码、纠错编码和加密编码三种,二维码编码的种类及功能如表2-3所示。

表2-3 二维码编码的种类及功能

编码种类	编码功能
信息编码	根据不同的规则将不同的数据信息编码成二进制数据流的过程
纠错编码	形成二维码纠错码的过程,使得生成的二维码具有一定的纠错功能。通常行排式二维码不具备纠错功能,大多数矩阵式二维码具有纠错功能
加密编码	为保障二维码存储信息的安全,还需对信息进行加密,这样就可以避免传输过程中信息的泄露

3. 二维码的应用

二维码以其快速识别、存储信息等优势应用于生活的方方面面,例如移动支付、网页导航、票务系统、公共交通等,给人们的生活带来诸多便利。除此之外,二维码还可以和其他的众多学科领域相结合。

(1) 医学领域。二维码可应用于药品流通监管中,如应用于中药材的流通监管。中药材种类繁多,监管难度较大,可通过实验获取每种药材的 DNA 序列,选取其中一段标准且相对短的序列作为序列号进行编码,生成二维码图像,这样就将对药材实施有效监管。与此相似的应用还有很多,如样片检测、患者信息等。

(2) 工农业。现在很多产品包装上都会印刷二维码。这些二维码不仅能提取厂商网址信息,还能提供产品的生产、质量信息,尤其是与农产品相关的一系列信息的追踪溯源。这样一来,消费者能够通过智能终端扫描,追溯到选购产品质量安全的全部信息。

(3) 安全技术领域。在网络通信过程中,信息的安全传输尤为重要。二维码具备存储信息的功能,加上其独特的编码模式,将信息放入二维码中成为一种保障。同时,二维码本身也能作为一种防伪标识,帮助消费者有效地辨别产品的真假。

2.2.3 二维码发展趋势

1. 全球信息技术发展迅速

信息技术是当今世界发展速度最快、通用性最广、渗透性最强的高技术之一。二维码的未来发展高度依赖于未来信息技术，的发展和推进，无论是二维码制造技术、编码技术、识读解析技术，还是信息存储技术，都朝着成熟稳定和多样化方向发展，且随着5G网络、人工智能等新兴技术等外部因素的发展而得到稳步提升。

2. 全球应用广泛深入

随着物联网、工业互联网、大数据、云计算、区块链和人工智能等新兴经济形态的发展，二维码正成为新的物品标识技术、移动互联入口和贸易流通结算载体，渗透到全球经济贸易和社会生活的各个领域，将在全球广泛应用。

3. 为大数据分析和挖掘提供坚实基础

目前，我们已经进入大数据信息化时代，大数据时代为人们提供了更多的、更高质量的信息。二维码作为用户有效的移动入口，能够为大数据分析和数据挖掘提供海量的、高质量的数据，这也必然成为大数据分析和数据挖掘的基础，因此二维码将为大数据分析和挖掘提供坚实的基础。

任务2.3 移动终端

2.3.1 移动终端概述

1. 移动终端概念

移动终端，也称移动通信终端，是指可以在移动中使用的计算机设备，广义来讲包括手机、笔记本、平板电脑、POS机，甚至包括车载电脑。但是大部分情况下，移动终端是指手机或者具有多种应用功能的智能手机以及平板电脑。一方面，随着网络和技术朝着越来越宽带化的方向发展，移动通信产业将走向真正的移动信息时代。另一方面，随着集成电路技术的飞速发展，移动终端已经拥有了强大的处理能力，移动终端正在从简单的通话工具变为一个综合信息处理平台，这给移动终端增加了更加宽广的发展空间。例如，某智能手机的应用领域如图2-11所示。

图2-11 某智能手机应用领域

移动终端作为简单通信设备伴随移动通信发展已有几十年的历史。自2007年开始，智能化引发了移动终端基因突变，从根本上改变了终端作为移动网络末梢的传统定位。移动智能终端转变为互联网业务的关键入口和主要创新平台，也转变为新型媒体、电子商务和信息服务平台，也成为互联网资源、移动网络资源与环境交互资源重要的枢纽，其操作系统和处理器芯片甚至成为当今整个ICT产业的战略制高点。移动智能终端引发的颠覆性变革揭开了移动互联网产业发展的序幕，开启了一个新的技术产业周期。随着移动智能终端的持续发展，其影响力将比肩收音机、电视和个人计算机(PC)，成为人类历史上第4个渗透广泛、普及迅速、影响巨大、深入人类社会生活方方面面的终端产品。

2. 移动终端特点

(1) 硬件体系上，移动终端具备中央处理器、存储器、输入部和输出部。移动终端往往是具备通信功能的微型计算机设备。另外，移动终端可以具有多种输入方式，诸如键盘、鼠标、触摸屏、送话器和摄像头等，并可以根据需要进行调整输入。同时，移动终端往往具有多种输出方式，如受话器、显示屏等，也可以根据需要进行调整。

(2) 软件体系上，移动终端必须具备操作系统。移动终端具备操作系统，如Windows Mobile、Symbian、Palm、Android、iOS等。同时，这些操作系统越来越开放，基于这些开放的操作系统平台开发的个性化应用软件层出不穷，如通信簿、日程表、记事本、计算器以及各类游戏等，极大程度地满足了个性化用户的需求。

(3) 通信能力上，移动终端具有灵活的接入方式和高带宽通信性能。移动终端能根据所选择的业务和所处的环境，自动调整所选的通信方式，从而方便用户使用。移动终端可以支持GSM、WCDMA、CDMA2000、TDSCDMA、Wi-Fi以及WiMAX等，从而适应多种制式网络，不仅支持语音业务，更支持多种无线数据业务。

(4) 功能使用上，移动终端更加注重人性化、个性化和多功能化。随着计算机技术的发展，移动终端从"以设备为中心"的模式进入"以人为中心"的模式，集成了嵌入式计算、控制技术、人工智能技术以及生物认证技术等，充分体现了以人为本的宗旨。由于软件技术的发展，移动终端可以根据个人需求调整设置，更加个性化。同时，移动终端本身集成了众多软件和硬件，功能也越来越强大。

2.3.2 移动终端分类与应用

1. 移动终端分类

根据应用范围，移动终端可分为以下几类，如表2-4所示。

表2-4 移动终端分类

分类	应用范围
有线可移动终端	U盘、移动硬盘等需要用数据线来和计算机连接的设备
无线移动终端	利用无线传输协议来提供无线连接的模块，较常见的是手机、平板电脑等
移动智能终端	移动智能终端是配备进口激光扫描引擎、高速CPU处理器、正版WINCE5.0操作系统，具备超级防水、防摔及抗压能力的设备

2. 移动终端应用

(1) 物流快递方面。移动终端可用在收派员运单数据采集，中转场/仓库数据采集，即通过扫描快件条码，将运单信息通过3G模块直接传输到后台服务器，同时实现相关业务信息的查询等功能。

(2) 物流配送方面。典型的移动终端应用场景有烟草配送，仓库盘点、邮政配送，值得开发的有各大日用品生产制造商的终端配送、药品配送、大工厂的厂内物流、物流公司仓库到仓库的运输。

(3) 连锁店/门店/专柜数据采集。移动终端可用于店铺的进、销、存、盘、调、退、订和会员管理等数据的采集和传输，还可实现门店的库存盘点。

(4) 移动终端可用于鞋服行业无线订货会。基于Wi-Fi无线通信技术，通过销邦PDA手持终端扫描条码的方式进行现场订货，将订单数据无线传至后台订货会系统，同时实现查询、统计及分析功能。

(5) 卡片管理。移动终端可用于管理各种IC卡和非接触式IC卡，如身份卡、会员卡等。顾名思义，卡片管理就是管理各种接触式和非接触式IC卡，所以其使用的扫描枪的主要扩展功能为接触式和非接触式IC卡读写。

(6) 票据管理方面。移动终端可用于影院门票、火车票、景区门票等检票单元的数据采集。

2.3.3 移动终端发展趋势

1. 功能强大化

未来移动终端的功能将不再以通话为主，而是具备人们日常生活和工作中需要的各种处理和通信功能。

未来移动终端支持的主要业务包括基本语音和短信、即时通信类、广播媒体类、音乐类、移动电子商务类、移动浏览类、个人信息管理类、导航类业务等。丰富而强大的业务功能使得移动终端具有更为复杂、更为智能化和个性化的特点，需要支持更多的功能与业务，提供更多的互联接口。

2. 单品竞争向多品类产品生态协同竞争发展

随着智能手机的发展已相对进入一个稳定期，更多形态的终端构建、更多形态整合协同提供全场景的服务已经出现了，其他品类的终端异常活跃。未来，头部终端厂商的竞争已经从手机单品竞争向多品类产品生态协同竞争过渡，多终端、多入口已成趋势，为获取更多用户带来更多的可能。

同时，原来手机+App的服务模式，逐渐被"云连接+端协同+多场景化"的服务模式替代，为用户提供办公、个人、健康、出行、教育等更多样的服务。

3. 终端定制化

移动通信业务将进一步体现个性化、定制化色彩，运营商提供的各种数据业务和特色应用需要移动终端的高度配合。手机定制，除了保障终端对业务的良好支持，在定制终端的品牌、功能、用户界面、销售上加载运营商的策略，还可以在多方面促进业务发展；从用户的角度来看，定制手机的方式有利于用户迅速接受新技术、新业务，提高对运营商新业务的认知程度和忠诚度。中国的定制手机还只是刚刚兴起，但随着5G在中国的逐步实施，运营商定制手机将是大势所趋，并将逐渐成为手机销售的主流模式。

4. 操作系统开放化

开放式操作系统的普遍应用将极大地促进移动终端产品开发的速度和应用水平，能够进行更加灵活丰富的应用操作和内容共享。因移动终端具有良好的可扩展性，用户在移动终端可轻松安装和卸载应用程序，并随时随地通过无线网络下载种类繁多的各种最新应用。因而，具有一定开发能力的企业用户还可以在标准的设计接口基础上定制自己需要的应用程序，满足不同行业领域多样化和差异化的需求。

项目小结

本章主要介绍移动电子商务基础技术，主要讲述移动通信技术、二维码技术、移动终端技术概述，帮助学生进一步了解移动商务在日常生活中的重要性，以及通过移动电子商务技术，直观展示二维码。

项目拓展

【岗位介绍】

岗位：二维码推广员

1. 岗位职责

(1) 从事二维码支付产品的推广。

(2) 促进移动商务中，二维码技术的操作和使用。

2. 任职要求

(1) 为人真诚，对工作充满热情，能充分投入工作。

(2) 掌握一定的二维码处理技术。

(3) 熟悉移动商务技术。

(4) 具备良好的团队合作精神，能够承受工作压力。

3. 基本要求

(1) 熟练移动商务技术，工作认真细心，沟通力、执行力强。

(2) 有一定的移动商务工作经验。

【实训操练】

1. 实训目标

(1) 了解不同的二维码及其应用场景。

(2) 掌握移动电子商务应用中不同种类的二维码制作方法。

(3) 掌握二维码编辑及个性化方法。

(4) 能够使用二维码进行移动营销。

2. 实训环境

(1) 连接互联网的个人计算机，安装Windows 7或Windows 8操作系统。

(2) 3G/4G Android或iOS智能手机，开通3G/4G网络或链接Wi-Fi。

3. 实训背景

自从二维码出现以后，无论我们走到哪里，线上还是线下，总能看到大量的二维码，有商家的，也有个人的。二维码的火爆预示着移动营销时代到来了，出现了很多免费的二维码制作软件，图2-12所示的是二维码大师软件界面。如何做好二维码营销，现在还处于摸索状态。本实训旨在从移动商务营销的角度出发，为学生深度解密二维码，并详细介绍二维码的具体实操方法，从中挖掘出二维码的真正潜能。

实训任务：制作文本功能二维码。

图2-12　二维码大师软件界面

4. 实训指导

二维码制作流程如图2-13所示。

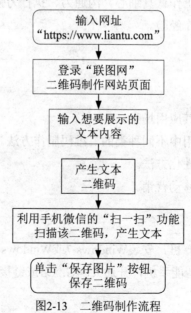

图2-13　二维码制作流程

(1) 输入网址"https://www.liantu.com"，进入联图网页面，在左侧导航栏单击图标 🖊，输入想要展示的内容，这里输入"O2O电子商务异军突起。"输入文字完成后，直接在右侧产生相应文本二维码，如图2-14所示。

图2-14　制作文本二维码

当然，还可以在二维码下面设置不同风格的个性化文本二维码。

(2) 利用手机微信的"扫一扫"功能扫描该二维码，产生的扫描结果为："O2O电子商务异军突起。"如图2-15所示。

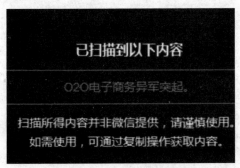

图2-15　二维码扫码文本信息

(3) 如果单击图2-14右下方的"保存图片"按钮，可以将该二维码保存为图片形式，用于文本、海报和图片广告等营销设计。

5. 实训题目

根据实训指导，制作二维码。

(1) 内容为"移动电子商务概述"的二维码。

(2) 以小组为单位，并形成作业，进行班级展示。

【知识巩固与提升】

项目2　习题

项目3 | 移动电子商务模式

项目描述

通过本项目的学习，学生能够了解移动电子商务模式，了解商业模式的内涵，熟悉移动电子商务模式的概念，掌握移动电子商务产业价值链的定义，熟悉O2O模式，熟悉App商用模式，熟悉微信营销模式，熟悉手机支付模式。

项目目标

【知识目标】

(1) 了解商业模式及移动电子商务模式。

(2) 了解移动电子商务产业价值链。

(3) 熟悉移动电子商务主要应用模式。

【技能目标】

(1) 能够运用微信营销模式进行微店搭建与运营。

(2) 能有效区分移动电子商务主要模式。

 项目导入

【思维导图】

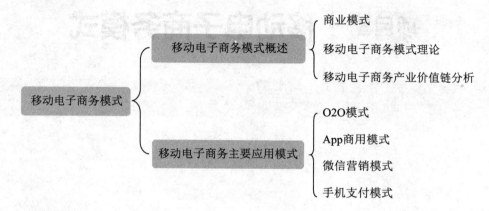

【案例导入】

京东："大数据+商品+服务"的O2O模式

京东属于综合自营+平台电商大型电商企业，京东与15余座城市的上万家便利店合作，布局京东小店，京东提供数据支持，便利店作为其末端实现落地；京东与獐子岛集团拓展生鲜O2O模式，为獐子岛开放端口。另外，京东还与服装、鞋帽、箱包、家居家装等品牌专卖连锁店达成优势整合，借此扩充产品线、渠道全面下沉，各连锁门店借助京东精准营销最终实现"零库存"。

中国电子商务研究中心助理分析师孙璐倩认为，京东O2O模式基于线上大数据分析，与线下实体店网络广泛布局、急速配送优势互补，发挥了京东的平台优势、物流优势，扩大市场地盘，填补了用户结构单一的短板，是开拓O2O发展的又一渠道。但该模式末端的传统便利店是否有社区购物习惯的数据积累，这种积累是否有价值，这个仍值得考虑，京东O2O未来的路还比较长。

资料来源：仇丽娜. O2O模式十大成功案例分析[EB/OL]. (2017-04-19)[2021-05-08]. https://www.docin.com/p-1899362388.html.

思考与讨论：

(1) O2O模式使得京东取得了哪些成绩？

(2) 你能列举出采用O2O模式运营的企业吗？

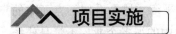

任务3.1 移动电子商务模式概述

3.1.1 商业模式

1. 商业模式定义

商业模式是20世纪90年代后期开始流行起来的一个概念。简单来说,商业模式就是公司通过什么途径或者方式来赚钱。只要有获取收益的生意,就有商业模式存在。商业模式涵盖了企业从资源获取、生产组织、产品营销、售后服务到研究开发、合作伙伴、客户关系、收入方式等几乎一切活动,是一个正在形成和发展中的新的理论和操作体系。

有专家认为,商业模式是产品、服务或信息流的体系结构,包括不同商业角色及其作用以及收益的来源;还有专家认为,商业模式是由价值主张、价值支撑、价值保持构成的价值分析体系;也有专家把商业模式描述为在一个公司的消费者、联盟和供应商之间的识别产品流、信息流、货币流和参与者主要利益的角色和关系;也有专家认为商业模式描述了隐含在实际业务流程背后的商业系统创造价值的价值网络;还有专家认为,商业模式是企业创新的焦点和企业为自己、供应商、合作伙伴及客户创造价值的决定性来源。

综合以上观点,商业模式是指在既定技术条件下,一个企业依靠"内部资源能力"和"外部合作生态"形成持续"价值创造"和"收益获取"的内在系统逻辑。此处所指的价值不仅仅是指商业模式为股东创造的利润,还包括它为客户、员工、合作伙伴乃至整个社会所提供的价值。

2. 商业模式特征

(1) 商业模式能提供独特价值。有时候这个独特的价值可能是新的思想,而更多的时候,它往往是产品和服务独特性的组合。这种组合要么向客户提供额外的价值,要么使得客户能用更低的价格获得同样的利益,或者用同样的价格获得更多的利益。

(2) 商业模式是难以模仿的。企业通过确立自己的与众不同,如对客户的悉心照顾、无与伦比的实施能力等,来提高行业的进入门槛,从而保证利润来源不受侵犯。比如,直销模式(仅凭"直销"一点,还不能称其为一个商业模式),人人都知道其如何运作,也都知道戴尔公司是直销的标杆,但很难复制戴尔的模式,原因在于"直销"的背后,是一整套完整的、极难复制的资源和生产流程。

(3) 商业模式是脚踏实地的。企业要做到量入为出、收支平衡。这个看似不言而喻的道理，要想年复一年、日复一日地做到，却并不容易。现实当中的很多企业，不管是传统企业还是新型企业，对于自己的钱从何处赚来，为什么客户看中自己企业的产品和服务，乃至有多少客户实际上不能为企业带来利润、反而在侵蚀企业的收入等关键问题，都不甚了解。

3. 商业模式逻辑

商业模式逻辑示意如图3-1所示，前端的价值创造和收益获取有着相互依存的关系：如果单有价值创造，商业模式就是一个链条式的逻辑，即要做的只是整合价值链后端的原料供应和改善前端的客户体验，但缺乏收益获取的模式，并不一定能支持企业的生存发展；如果单有收益获取，商业模式就是一座没有地基的大厦，也许某个时段内能够越修越高，但缺乏价值创造这个地基，最终会经不起风雨，不能长久。

后端的内部资源能力和外部合作生态是另一对相互依存的关系：内部资源能力是企业持续生存及与伙伴开展合作的起点；而外部合作生态是企业提供差异化产品的必备条件，因为当前的商业发展趋势是企业由"大而全"向"纵深"发展，依靠结网合作生产终端产品或服务。

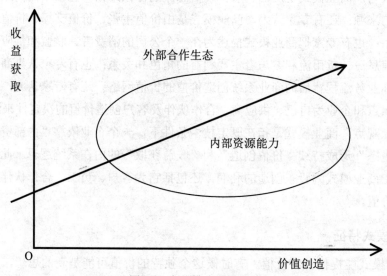

图3-1　商业模式逻辑示意

随着信息技术的快速发展，企业在加工、储存和共享信息等方面的成本变得越来越低，在经营方式上有了更多的选择。价值链被分拆、重组、整合，新型产品和服务、新的营销渠道、更广泛的用户群体的出现，最终导致全球化的出现，并带来了更加激烈的竞争，同时也带来了许多新的经营方式。伴随着新的经营方式的出现，商业模式也在经历着前所未有的创新。因此，商业模式涵盖了企业从资源获取、研究开发、生产组织、产品营销到售后服务、客户关系、合作伙伴、收入方式等几乎一切活动，是一个正在形成和发展中的新的理论和操作体系。

3.1.2 移动电子商务模式理论

1. 移动电子商务模式定义

移动电子商务的商业模式是指在移动通信技术条件下，相关的经济实体通过移动网络进行商务活动创造、实现价值并获得利润的过程。从商业模式的概念可以知道，商业模式的核心环节是价值创造过程。因此，移动电子商务的商业模式是连接移动终端用户(包括个人终端用户、企业终端用户)和信息服务业经济价值之间的媒介，要明确客户类别，针对不同类别的客户提供相应的各类服务内容、服务流程，以及明确如何在各种服务过程中获取价值，实现成本的划分及利润的分配，明确市场竞争战略等，如图3-2所示。

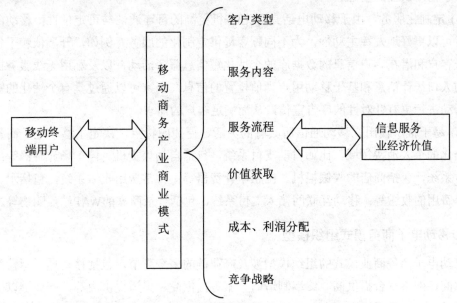

图3-2 移动电子商务商业模式的内容及作用示意图

2. 移动电子商务模式特征

移动电子商务作为一种新型的电子商务方式，利用了移动无线网络的优点，是对传统电子商务的有益的补充。与传统的电子商务活动相比，移动电子商务具有如下几个特点。

(1) 更具开放性、包容性。移动电子商务因为接入方式无线化，使得任何人都更容易进入网络世界，从而使网络范围延伸更广阔、更开放；同时，移动电子商务使网络虚拟功能带有更多的现实性，因而更具有包容性。

(2) 具有无处不在、随时随地的特点。移动电子商务的最大特点是"自由"和"个性化"。传统电子商务已经使人们感受到了网络所带来的便利和快乐，但它的局限在于必须有线接入，而移动电子商务可以弥补传统电子商务的这种缺憾，让人们随时随地结账、订票或者购物，获得独特的商务体验。

(3) 潜在用户规模大。随着5G换机潮来临，智能手机迎来新一轮增长，2021年，全球智能手机出货量达到13.55亿台，中国智能手机出货量达到3.4亿台。显然，从计算机和移动电话的普及程度来看，移动电话远远超过了计算机。而从消费用户群体来看，手机用户中基本包含了消费能力强的中高端用户，而传统的上网用户中以缺乏支付能力的年轻人为主。由此不难看出，以移动电话为载体的移动电子商务不论是在用户规模上，还是在用户消费能力上，都优于传统的电子商务。

(4) 能较好确认用户身份。对传统的电子商务而言，用户的消费信用问题一直是影响其发展的一大问题，而移动电子商务在这方面显然拥有一定的优势。这是因为手机号码具有唯一性，手机SIM卡片上存储的用户信息可以确定一个用户的身份。对移动商务而言，这就有了信用认证的基础。

(5) 定制化服务。由于移动电话具有比PC机更高的可连通性与可定位性，移动商务的生产者可以更好地发挥主动性，为不同顾客提供定制化的服务。例如，开展依赖于包含大量活跃客户和潜在客户信息的数据库的个性化短信息服务活动，以及利用无线服务提供商提供的人口统计信息和基于移动用户当前位置的信息，商家可以通过具有个性化的短信息服务活动进行更有针对性的广告宣传，从而满足客户的需求。

(6) 易于推广使用。移动通信所具有的灵活、便捷的特点，决定了移动电子商务更适合大众化的个人消费领域。比如自动支付系统，包括自动售货机、停车场计时器等；半自动支付系统，包括商店的收银柜机、出租车计费器等；日常费用收缴系统，包括水、电、煤气等费用的收缴等；移动互联网接入支付系统，包括登录商家的WAP站点购物等。

3. 移动电子商务模式组织模型

移动电子商务商业模式的组织模型涉及产业链的多个环节，包括移动通信运营商、内容提供商、网络平台提供商、终端制造商、服务提供商、渠道提供商等。产业链以用户为中心，以移动通信网络为平台，开展各种商务活动，实现企业自身的商业价值。

移动电子商务商业模式的组织模型如图3-3所示。其中，移动通信运营商处于核心位置，与服务提供商合作，获得服务内容，移动通信运营商提供移动通信网络；与内容提供商合作，获取丰富内容，移动通信运营商将内容进行集成发送；与终端制造商合作，定制特定的手机终端，由终端渠道负责销售，或者控制终端分销渠道，由移动通信运营商的销售渠道进行销售等。移动通信运营商通过与价值链中其他企业的紧密合作，实现控制和监管移动电子商务产业的业务活动。

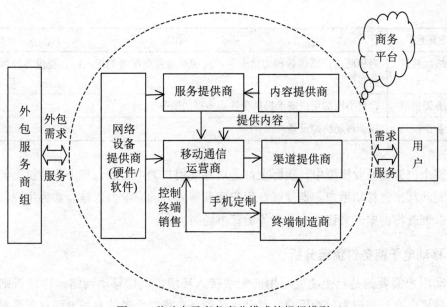

图3-3 移动电子商务商业模式的组织模型

3.1.3 移动电子商务产业价值链分析

1. 移动电子商务商业角色

一般来说，电信和移动通信行业价值链的形成方向是从消费者到运营商，再到制造商，而移动电子商务却有一个完全倒置的产业价值链：从移动运营商和服务提供商等开始，直到逐步形成一个完善的移动增值服务运营模式和体系，最后打通到消费者。这便从根本上影响和改变了消费者原有的消费模式。移动电子商务各参与方为了获取最大的商业利益，以移动用户的需求为中心在开展电子商务的过程中担当着不同的商业角色，如表3-1所示。

表3-1 移动电子商务各参与方的商业角色及作用

商业角色	作用
移动用户	最大特点是经常变换自己的位置，用户接收的商品或服务可能因为时间、地点以及其使用移动终端情况的不同而不同
基础设备提供商	提供核心网基础设施、网络运营维护设施，也提供网络演进、规划、优化、集成等服务
内容提供商	拥有内容的版权，是信息创造的源头；提供相关的数据和信息产品并通过移动网络实现分发
移动门户提供商	整个价值链的关键一环，向移动用户提供个性化和本地化的服务，最大限度地减少用户的导航操作，使信息、商品、服务最终到达消费者手中，实现价值转移的最终过程

(续表)

商业角色	作用
移动网络运营商	为移动用户提供各种通信业务,实现对运营商网络的接入,也提供各种网络相关的业务
移动服务提供商	针对不同的用户需求提供个性而多样的服务
终端设备供应商	提供移动终端设备

在整个价值链商业模型中,实际上都是以移动用户为中心的,整个价值链上的企业所获得的利润都来自移动用户。谁能够在用户间获得充分的影响力,谁能够为用户创造优良的体验,谁就将占据未来移动电子商务运营市场的主动。

2. 移动电子商务价值链分析

移动用户需要的是一个随处可用的无线接入环境,就像移动网络一样,否则很难愿意在服务提供商处登记为付费用户。移动电子商务市场对众多的参与者而言无疑是一块巨大的"蛋糕",要想达到各方盈利的目的,关键是要建立和维持成功的联盟与合作。事实上,移动电子商务价值链是不能单独生存的,必须依赖于已有业务的产业链,即构建于成熟的通信增值业务价值链和商业产业链之上。

在移动电子商务产业价值链中,移动网络运营商作为提供信息交易平台的一方,与交易各方都有着密切的联系,凭借其客户资源、品牌优势、网络实力成为该价值链的核心。移动网络运营商肩负着设立行业标准、控制价值链核心资源、协调价值链各环节之间关系等多项任务,决定着整个价值链的竞争优势和发展命运,因此移动网络运营商必须有效地管理价值链上各个合作伙伴之间的关系,使各合作方都能够在整个价值链获益的基础上实现自身的发展。

(1) 在网络体系建设上,运营商尽力建设一个可以支撑多层次、多服务的开放性网络平台。运营商要确保价值链上各个环节接入、计费结算的可靠性和便利性;在处理与产业价值链各环节之间的关系方面,营造出一种平等合作、多方共赢的良好合作环境,寻求产业价值链上每一个环节的价值提升和增值。运营商必须在事前经过充分论证,有明确的目标客户群,并形成清晰的业务模式和盈利模式。

(2) 运营商也必须关注用户需求,扩大用户群,形成消费趋势。在业务创新上,首先要关注用户需求,以满足用户需求为业务创新方向,为用户提供多层次、分领域、差异化、个性化的服务。特别是在产业合作的情况下,产业链各个环节对用户需求把握的角度不同,会有不同的设想,将这些设想结合起来,就能更完善地挖掘和满足用户需求,使业务创新获得成功。不同群体的顾客,对服务的需求是不同的。因此,移动运营商有必要进一步对顾客进行细分,联合产业链的相关主体为顾客提供差异化的服务。同时,在服务上,各运营商也应针对不同客户群体不同的消费能力和消费行为,设定不同的服务标准。

电信运营商在更深入了解行业需求、细分客户特征的前提下，要加强对价值链的不同资源进行重新整合以及运营模式的创新。

3. 移动电子商务价值链盈利模式

移动电子商务能否为参与企业带来价值，最终取决于其满足客户需求的能力，而且必须根据我国电子商务发展的现状制定适合市场的赢利模式。

1) 广告盈利模式

网络广告是移动电子商务中较为常见的一种盈利模式，它具有盈利速度快、盈利集中和盈利效果突出的特点。与传统广告投放方式不同的是，移动电子商务广告可以依靠受众的自我传播来实现广告推广，进而同等条件下能够大大节省广告的投放成本。如微信平台一方面免费为受众提供交流服务，另一方面在平台中投放个性化的广告，实现了较大的盈利增长。

2) 集体议价盈利模式

集体议价方式把分散的消费者聚合起来，形成了一种类似于团购的大订单，一方面消费者通过强大的聚合力享受到了"量大从优"的实惠，另一方面商家通过"薄利多销"的方式实现了利润的增长，这种方式符合了交易双方的共同利益，具有较大的发展空间。目前，很多商家纷纷在网络平台中开设团购网或同城购物网就是这种盈利模式的典型体现。

3) 网上拍卖盈利模式

网上拍卖盈利模式指的是中间商在网络平台中建立一个自由交易的平台，买卖双方遵循自愿的原则在网上交易，商家为其提供担保，并以此来收取部分担保费、服务费的一种方式。如淘宝网站中有二手车竞拍平台，消费者可以在固定时间和固定范围内进行自主叫价，最终出价最高者享有交易权利。

基于移动通信技术与互联网技术的移动电子商务已经在全球范围内形成一种新的商业模式。移动电子商务在中国起步较晚，但拥有巨大的潜在客户群和世界上最大的移动通信市场，市场上升潜力很大，因此应该在正确认识所处的市场阶段的前提下，采取更有针对性的市场策略，全方位推进我国移动电子商务的发展。

任务3.2 移动电子商务主要应用模式

移动电子商务使用人群更加大众化、服务更加个性化，不受时空限制，可随时随地进行移动支付，是一种灵活、高效的电子商务。为此它的应用模式也应有别于传统的电商模式。

3.2.1　O2O模式

1. O2O模式定义

O2O模式(Online to Offline)是指将线下的商务机会与互联网结合的模式，让互联网成为线下交易的平台。

O2O模式算是移动电子商务模式的典型代表。例如，在一个陌生商圈里想找家咖啡馆，打开手机客户端进行搜索并准确定位，并下载这家咖啡馆的优惠券获得消费折扣，既方便又省钱。这就是典型的O2O应用场景(见图3-4)。在移动终端的普及下，通过电信移动运营商的无线通信网络或外部定位方式获取移动端用户的位置信息，在GIS平台的支持下，即时即地地把线下商务机会与移动互联网有机结合在一起，客户可以通过移动终端随时随地筛选服务，进行在线支付、结算，也可以先体验再结算。O2O模式与传统的电商模式还有一个最大的区别，就是"闭环"，它可以全程跟踪用户的每一交易和满意程度，即时分析数据，随时调整营销策略。随着模式越来越成熟，O2O将会为用户提供更好的体验和服务，将会促进移动电子商务的飞速发展。基于位置服务(iocation based services，LBS)的O2O模式移动电子商务给用户提供的生活信息服务不是简单的信息分类展示和信息搜索，而是精准化和智能化的信息服务，可以更快、更好地帮助用户进行选择服务。

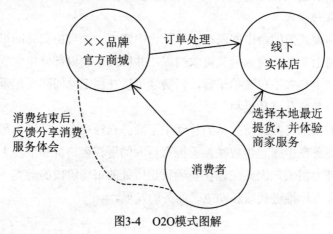

图3-4　O2O模式图解

2. O2O模式特征

(1) 对O2O用户而言，用户能够获取更丰富、全面的商家及其服务的内容信息；更加便捷地向商家在线咨询并进行预售；获得相比线下直接消费较为便宜的价格。

(2) 对O2O商家而言，商家能够获得更多的宣传、展示机会，吸引更多新客户到店消费；推广效果可查、交易可跟踪；掌握用户数据，大大提升对老客户的维护与营销效果；通过用户的沟通、释疑，更好地了解用户心理；通过在线预订等方式，合理安排经营，节约成本；对拉动新品、新店的消费更加快捷；降低线下实体对黄金地段旺铺的依赖，大大减少租金支出。

(3) 对O2O平台本身而言，平台能给用户日常生活带来便捷、优惠、消费保障等作用，能吸引大量高黏性用户；对商家有强大的推广作用及其可衡量的推广效果，可吸引大量线下生活服务商家加入；拥有数倍于C2C、B2C的现金流；具有巨大的广告收入空间及形成规模后更多的盈利模式。

3.2.2 App商用模式

1. App商用模式定义

当前，用手机和iPad上网的人越来越多，人们的上网习惯已从使用PC机逐步转向使用App客户端上网，而目前国内各大电商，均拥有了自己的App客户端。App商用模式是指安装在智能手机上的软件，需要有相应的手机系统来运行。其主要功能是完善原始系统的不足与个性化，使手机功能更加完善，为用户提供更丰富的使用体验。

常见的App客户端商业软件包括京东、淘宝、国美在线等。京东App下载页面如图3-5所示。

图3-5 京东App下载页面

2. App商用模式特征

(1) 成本低。App营销模式的费用相对于电视、报纸，甚至是网络都要低得多，只要开发一个适合于本品牌的应用就可以了，可能还会有一点的推广费用，但这种营销模式的营销效果是电视、报纸和网络所不能代替的。

(2) 持续性。一旦用户下载到手机成为客户端或在SNS网站上查看，那么持续性使用成为必然；促进销售，有了App的竞争优势，无疑增加了产品和业务的营销能力。

(3) 精准营销。App营销模式通过可量化的精确的市场定位技术，能够突破传统营销定位只能定性的局限，借助先进的数据库技术、网络通信技术及现代高度分散物流等手段保障和顾客的长期个性化沟通，使营销达到可度量、可调控等精准要求。App营销模式摆脱了传统广告沟通的高成本束缚，使企业低成本快速增长成为可能，保持了企业和客户的密切互动沟通，从而不断满足客户的个性需求，建立稳定的企业忠实顾客群，实现客户链式反应增值，从而达到企业的长期、稳定、高速发展的需求。

(4) 全面展示产品信息。App营销模式能够刺激用户的购买欲望，能够全面地展现产品的信息，让用户在没有购买产品之前就已经感受到产品的魅力，降低了对产品的抵抗情绪。同时，App营销模式可以提高企业的品牌形象，让用户了解品牌，进而提升品牌实力。良好的品牌实力是企业的无形资产，形成企业的竞争优势。

(5) 随时服务，网上订购。人们通过App对产品信息了解后，可以及时在移动应用上下单或者是链接移动网站进行下单。客人喜爱的样式、格调和品位，也容易被品牌一一掌握。这对产品大小、样式设计、定价、推广方式、服务安排等，均有重要意义。

3.2.3 微信营销模式

1. 微信营销模式定义及种类

微信营销是网络经济时代企业或个人营销的一种模式，是伴随着微信的火热而兴起的一种网络营销方式。微信不存在距离的限制，用户注册微信后，可与周围同样注册的"朋友"形成一种联系，订阅自己所需的信息；商家通过提供用户需要的信息，推广自己的产品，从而实现点对点的营销。

微信营销的模式主要包括以下几种。

(1) 微信小程序。小程序是微信生态内一部分，也是一种安全有用的营销工具。小程序可以随时转发给好友、微信群，能在微信中留下入口，方便客户复购，并且还有优惠券、秒杀、拼团、分享等多种粉丝裂变和营销功能。图3-6为EMS中国邮政速递物流小程序页面。

图3-6 EMS中国邮政速递物流小程序页面

(2) 企业微信。企业微信是官方提供的私域流量运营平台。企业可以用它来管理大量客户(企业微信无好友数量上限)，给客户群发消息，实现用户裂变、直接触达用户，经营企业私域流量。

(3) 线上活动+App类优惠券+线下优惠券门店消费模式。这种模式以麦当劳这种有门店类的品牌为典型。通过微信举办线上活动，通过App可以生成优惠券，消费者可以用优惠券到线下门店消费。

2. 微信营销模式特征

(1) 点对点精准营销。微信拥有庞大的用户群，借助移动终端、天然的社交和位置定位等优势，每个信息都是可以推送的，能够让每个个体都有机会接收到这个信息，继而帮助商家实现点对点精准化营销。

(2) 形式灵活多样。例如摇一摇功能：假如我们在商场逛街，打开微信摇一摇——周边，就可以摇出各商家的促销优惠卡券。

(3) 强关系的机遇。微信的点对点产品形态注定了其能够通过互动的形式将普通关系发展成强关系，从而产生更大的价值。通过互动的形式与用户建立联系，互动就是聊天，可以解答疑惑、讲故事甚至可以"卖萌"，用一切形式让企业与消费者形成朋友的关系，你不会相信陌生人，但是会信任你的"朋友"。

3.2.4　手机支付模式

1. 手机支付模式定义

手机支付，是指使用移动设备(通常是手机)进行付款的一种支付方式(见图3-7)。在手机支付下，消费者不使用现金、支票或信用卡，使用移动设备支付各项服务或数字及实体商品的费用。

图3-7　手机支付模式

手机支付是更加快捷的支付方式。手机作为比较私密的物品，公用现象较少，以及手机病毒相比PC要少，所以相比PC支付，手机支付更加安全。另外，银行、银联等会做好充分把关，企业也会通过网站和客服帮助并提醒消费者不要随便跳转到非官方网站来维护消费者权益。无论是支付宝，还是财付通，包括各大银行，或者电信运营商，他们解决安全性问题轻而易举，所以手机支付的安全性是可以放心的。

2. 手机支付模式特征

手机支付属于电子支付方式的一种，因而具有电子支付的特征，但因其与移动通信技术、无线射频技术、互联网技术相互融合，又具有自己的特征。

(1) 移动性。手机可随身携带，消除了距离和地域的限制，并且结合了先进的移动通信技术，随时随地可获取所需要的服务、应用和信息。

(2) 及时性。手机使用不受时间地点的限制，信息获取更为及时，用户可随时对账户进行查询、转账或进行消费。

(3) 定制化。基于先进的移动通信技术和简易的手机操作界面，用户可定制自己的消费方式和个性化服务，账户交易更加简单方便。

(4) 集成性。手机支付以手机为载体，通过与终端读写器近距离识别进行的信息交互，运营商可以将移动通信卡、公交卡、地铁卡、银行卡等各类信息整合到以手机为平台的载体中进行集成管理，并搭建与之配套的网络体系，从而为用户提供十分方便的支付以及身份认证渠道。

项目小结

本项目主要介绍移动电子商务模式、移动电子商务模式概念、O2O模式、App商用模式、微信营销模式、手机支付模式等内容，重点把握移动电子商务模式与移动电子商务产业价值链，实现对移动电子商务模式相关知识的整体把握。

项目拓展

【岗位介绍】

岗位：微店店铺运营

1. 岗位职责

(1) 结合天猫、淘宝等各平台官方活动和萌牙家活动计划，组织并实施各店铺活动策划。

(2) 负责站内内容频道运营(如微淘等)，包括内容发布、投放策划、数据跟进等事宜。

(3) 深度挖掘用户需求及使用习惯，通过社群等方式，引导品牌口碑，促进老客复购。

(4) 负责店铺页面及相关活动的文案输出，结合产品设计排版，提炼产品卖点及利益点。

2. 任职要求

(1) 淘宝-微淘、小红书等平台资深用户。

(2) 热爱市场营销及相关，有一定数据分析能力，有良好的学习能力、团队合作能力。

(3) 有长期写作习惯，具备较强的策划能力，脑洞大、接地气、能"种草"、审美能力强。

(4) 会沟通，爱创新，敢挑战，执行能力强，喜欢并乐于接受新鲜事物。

3. 基本要求

(1) 熟练店铺运营技术，执行力强。

(2) 有一定的店铺运营工作经验。

【实训操练】

1. 实训目标

(1) 了解微店相关知识。

(2) 熟悉常见的微店平台。

(3) 了解微店的搭建与运营。

2. 实训环境

(1) Android或iOS智能手机，开通3G/4G网络或连接Wi-Fi。

(2) 连接互联网的计算机，计算机安装Windows 7或Windows 8操作系统。

3. 实训背景

微店又称移动端店铺，是一种能够让人们在手机App里浏览并进行购买的平台。同时，它也是给中小企业提供移动零售网店入驻、经营、商品管理、订单管理、物流管理、客户管理等服务的平台。

4. 实训指导

微店的设置远没有淘宝网店那样复杂，无论是前期准备，还是安装注册、店铺优化，都可以在一部手机上进行。下面将以口袋购物的微店为例，简要介绍微店的搭建与运营。微店平台建设流程如图3-8所示。

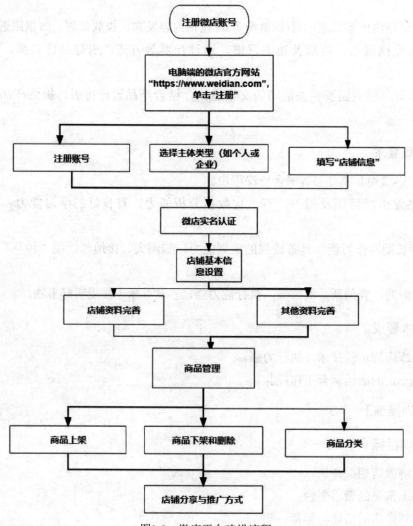

图3-8 微店平台建设流程

1) 注册微店账号

以电脑注册微店账号为例,首先进入微店官方网站"https://www.weidian.com",单击"注册"。整个注册过程需要注册账号、选择主体类型和填写"店铺信息"三步完成。

(1) 通过手机号注册账号。分别进行填写手机号、图形验证码、短信验证码,设置密码和确认密码等操作。

(2) 选择主体类型(如个人或企业),个人商家选择个人类型。

(3) 填写"店铺信息",上传照片,输入店铺名称和店铺介绍,单击下一步,即开店成功,如图3-9所示。

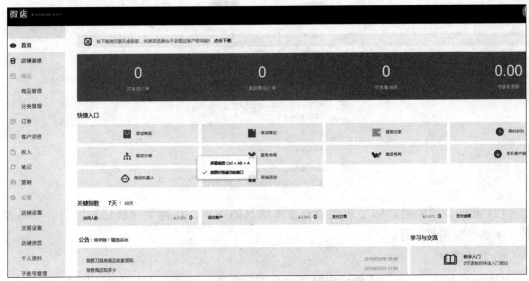

图3-9 微店注册成功后电脑端界面

2) 微店实名认证

按照页面提示,输入真实姓名、身份证号、银行卡号后,单击"实名认证并绑卡",如图3-10所示。要求姓名与身份证、银行卡注册信息一致。输入无误即可完成认证。

图3-10 微店实名认证界面

3) 店铺基本信息设置

(1) 店铺资料完善。微店首次注册的时候，默认名称为"我的微店"，店铺图标默认为微店的"店"，如需要修改基础设置，需要单击微店主界面上方"微店白色区域"。在微店"店铺管理"界面，单击"店铺资料"，如图3-11所示，在"店铺资料"界面分别上传店铺LOGO、店铺名称等内容。

图3-11 微店店铺资料界面

(2) 其他资料完善。除了店铺资料基本信息的完善，还需要完善店长资料、交易设置、子账号管理等信息。

4) 商品管理

(1) 商品上架，即通过手机或电脑等途径添加商品、下架商品或删除商品。

有两种方式可以快速添加商品。一种方式是单击微店主界面上方的"创建商品"按钮，添加商品图片、标题、类目、首单积分优惠、型号、价格、库存、商品详情、分类等，如图3-12所示。

图3-12 添加商品界面

另外一种方式是单击主界面下方六宫格中的"商品"，如果卖家有货源，直接选择"快速添加商品"，添加内容同前。

(2) 商品下架和删除。在微店的主界面，单击"商品"宫格，进入"商品"界面，最下方有"下架"或"删除"按钮，可以将商品下架和删除(见图3-13)，还可以单击商品图片进入编辑商品，将商品库存更改为"0"，即为下架。

图3-13　下架或删除商品界面

(3) 商品分类。在微店的主界面进入"商品"，单击"分类管理"，可新建分类与管理分类；商品分类添加成功后，选择未分类商品，单击"管理"，单击"批量分类"，勾选你想设置在已勾选分类中的商品，单击"分类至"，即可批量将商品设置在某个商品分类中，如图3-14所示。

图3-14　商品分类管理界面

5) 店铺分享与推广方式

卖家可将微店通过转发链接、二维码方式分享至微信朋友圈、QQ空间、新浪微博，让大家帮忙互相转发推荐(见图3-15)。

图3-15　店铺推广界面

5. 实训题目

根据实训指导,进行微店搭建。

(1) 小组为单位,模拟进行微店搭建,并分享到微信朋友圈。

(2) 根据微店运营情况,进行小组运营对比。

【知识巩固与提升】

项目3　习题

项目4 | 移动支付

项目描述

通过本项目的学习，学生能够整体把握移动支付概念、移动支付实现技术、移动支付主要运营模式、移动支付安全等内容，加强对移动支付基本知识的学习和认知，熟悉移动支付运营模式，能有效应对移动支付的安全问题，增强移动支付的安全意识。

项目目标

【知识目标】

(1) 了解移动支付基本概念。

(2) 熟悉移动支付主要运营模式。

(3) 熟悉移动支付安全问题的应对措施。

【技能目标】

(1) 能够正确安全使用移动支付方式。

(2) 能熟练把握移动支付不安全因素。

(3) 能有效避免移动支付不安全问题。

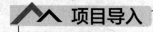 **项目导入**

【思维导图】

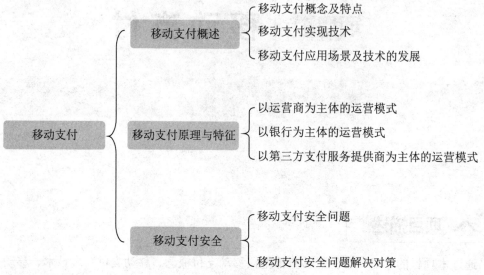

【案例导入】

∞ 微信诈骗案例分析 ∞

【妈妈让"女儿"微信骗了6万元】

吴女士的女儿在英国留学，某日中午，女儿发来了一条"微信"，说钱包丢了，现在急需用钱，让吴女士在国内先汇6万元过去。几番沟通，吴女士将信将疑，想让女儿通过微信打个视频电话过来。而这时"女儿"却说，英国现在是半夜，打视频电话会吵醒人，还怪母亲不相信她。怕耽误女儿用钱，吴女士只好去银行，向对方要求的账号汇了6万元。汇钱后，微信上"女儿"就不再说话，吴女士后来才知道女儿的"微信"账号已经被盗了。

【"海关主任"骗走一万三】

在外地打工的姑娘小夏，在玩微信时摇到一个用户名为"遗憾ZZX"的人。微信上，对方自称姓张，在某海关做领导，可以介绍她过去上班。张某说介绍工作需要钱，小夏先微信转账3500元钱，此后又转过去9500元钱。此后，小夏催张某还钱，可这时张某已经关机，再也联系不上了。后来张某被民警抓住。民警一问，才知道这个"海关主任"只有初中文化，还是个无业青年。

资料来源：孙阳杨. 微信摇来的女友是缺毒资的吸毒女[EB/OL]. (2012-02-20)[2021-05-08]. http://365jia.cn/news/2012-02-20/014B95D345C3D1E4.html.

思考与讨论：

(1) 分析以上两个案例，受害者为何遭遇微信诈骗？

(2) 结合以上两个微信诈骗案例，你认为应该如何预防此类事情的发生？

项目实施

任务4.1　移动支付概述

4.1.1　移动支付概念及特点

1. 移动支付概念

随着互联网的迅速发展，电子商务作为一种重要商业运作方式已经给人们的生活带来了巨大影响。但随着网络技术、通信技术的迅猛发展和相互融合，在移动通信和电子商务技术发展的触动下，一种新型的电子商务模式已显示巨大市场潜力，这便是移动电子商务，移动支付便是随着移动电子商务发展而产生并逐渐发展起来的。移动支付也称为手机支付，就是允许用户使用其移动终端(通常是手机)对所消费的商品或服务进行账务支付的一种服务方式。

2. 移动支付特点

移动支付主要分为近场支付和远程支付两种，均具有移动性、实时性和便捷性的特点。

(1) 移动性。由于移动终端具有特定服务实现的随身性和极好的移动性，可以让使用者从长途奔波到指定地点办理业务的束缚中解脱出来，摆脱支付时营业厅的特定地域限制。

(2) 实时性。移动通信终端和互联网平台的交互取代了传统的人工操作，使移动支付不再受限于相关金融企业、商家的营业时间限制，实现了全天候的实时服务。

(3) 便捷性。移动支付同时具有缴费准确、无须兑付零钱、多功能、全天候服务、网点无人值守的便捷性。

4.1.2　移动支付实现技术

目前，移动支付技术实现方案主要有三种：NFC、SIMPass和RFSIM(见表4-1)。

表4-1 移动支付技术种类

技术名称	定义	用途
NFC	NFC(near field communication，近场通信)由非接触式射频识别(RFID)及互联互通技术整合演变而来，在单一芯片上结合感应式读卡器、感应式卡片和点对点的功能，能在短距离内与兼容设备进行识别和数据交换	通过NFC，计算机、数码相机、手机、PDA等多个设备之间可以很方便快捷地进行无线连接，进而实现数据交换和服务
SIMPass	SIMpass技术融合了DI卡技术和SIM卡技术，或者称为双界面SIM卡，是一种多功能的SIM卡，支持接触与非接触两个工作接口，接触界面实现SIM功能，非接触界面实现支付功能，兼容多个智能卡应用规范	利用SIMpass技术，可在无线通信网络及相应的手机支付业务服务平台的支持下，开展各种基于手机的现场移动支付服务
RFSIM	Radio Frequency SIM的缩写，即射频识别SIM卡。该卡可存100个手机号码，50条短信。RFSIM可安装在手机上实现近距离身份识别和金融支付的目的	RFSIM通过在SIM卡中内置近距离识别芯片，扩展了传统手机SIM卡的功能，是未来手机多用的基本载体

4.1.3 移动支付应用场景及技术发展

1. 应用场景

(1) 移动支付工具应用于更多支付场景中。金融支付工具已经从单纯的金融工具，发展为涉及一些行业垂直领域里面的一些服务，并在场景化、个性化方面发生一些变化。用户不仅仅是为了消费一笔服务或者获得一个服务，可能更希望的是在支付的过程中，感受到支付工具跟应用场景的有效结合。手机已经变成每一个人很紧密的一个部分，手机支付或者移动支付更多的是要为消费者在消费场景或者服务场景中去实现一些支付的功能。

(2) 移动支付助力O2O产业实现线上线下的结合。O2O不一定能非常准确地反映出移动支付的一些方向，无论是从线上到线下，还是从线下到线上，但这并不重要，重要的是线上和线下的结合，正是因为有了移动支付的工具，使得线上和线下结合起来。简单来说，线上线下一体化，更多地关注于怎么从线上线下更加综合地为大家提供一些服务。

2. 技术发展

(1) 支付标记。支付标记化技术作为全球支付领域的前沿技术，其优势体现在敏感信息无须留存、支付标记仅可在限定交易场景使用、支付标记灵活性更高等方面。与传统银行卡验证功能相比较，支付标记综合了个人身份与设备信息验证、支付信息附加验证、风险等级评估等功能，能进行交易合法性识别和风险管控。

(2) 受理终端智能。传统的POS终端已经存在几十年，但基本的功能没有大幅度的变化。随着移动支付的快速发展，老旧的支付终端已经完全不能适应移动支付发展的需要。

智能终端已随着移动支付的发展实现快速发展。

(3) 可信执行环境。为应对不断出现的新的安全威胁，移动支付业务要积极打造可信执行环境，开展质量和安全协同发展是构建可信执行环境的重要方面。

(4) 人工智能。人工智能会涉及应用场景化的一些要求。场景计算就是根据用户获得服务的场景计算出或者预测出用户未来要发生一些什么样的动作。

(5) 数字人民币。法定数字货币的研发和应用，有利于高效地满足公众在数字经济条件下对法定货币的需求，提高零售支付的便捷性、安全性和防伪水平，助推中国数字经济的发展。

任务4.2　移动支付原理与特征

移动支付按照商业模式可以分为以下三类：①以运营商为主体的运营模式，主要指的是移动终端设备提供商，如苹果公司提供的Apple Pay服务；②以银行为主体的运营模式，主要指的是金融机构提供的手机银行服务；③以第三方支付服务提供商为主体的运营模式，主要指的是一些具有实力的第三方经济体通过与不同的银行进行签约的方式提供交易平台，如支付宝、微信支付等，整个交易是在第三方支付平台的介入下进行的，责任明晰，分工明确。

4.2.1　以运营商为主体的运营模式

1. 运营模式简介

在运营商为主体的运营模式下，手机用户可以直接登录所在的银行账户进行交易。但用户必须支付三方面的费用：由移动运营商收取的数据流费用；由银行收取的数据费用；由银行、移动运营商、支付平台共同平分的服务费用。目前，中国工商银行运用大数据和人工智能技术，用户可在手机主页上方进行智能搜索，进行账户和安全智能检测，得到账户总览、账户待优化、认证及信息更新、交易安全和其他信息，方便快捷地展现所需功能。

2. 运营模式特征

(1) 银行不参与支付活动，用户直接与移动运营商接触。

(2) 技术成本比较低。

(3) 移动运营商需要承担金融机构的责任和风险，不然会与国家的金融政策发生抵触。

3. 运营模式的优劣势(见表4-2)

表4-2　以运营商为主体的运营模式优劣势分析

优势	劣势	典型案例
(1) 移动运营商拥有庞大的移动手机客户群 (2) 具有较强的移动支付技术研发能力,以及设备采购、前期大规模投入所需的经济实力 (3) 运转灵活方便,在通信话费账户直接支付的模式中,操作方便、成本低廉	(1) 目前移动运营商自身的移动支付业务运作效率不高 (2) 移动运营商过于强势的地位容易产生风险	上海世博手机票: 中国移动推出了RFID-SIM卡和二维码身份确认技术,确保上海世博手机票有效实现近距离支付和远距离支付

4.2.2　以银行为主体的运营模式

1. 运营模式简介

该模式主要通过运营商来推动整个手机支付产业链的发展。移动运营商以用户的手机话费账户或专门的小额账户作为手机支付账户,用户所发生的手机支付交易费用全部从用户的账户中扣减。

2. 运营模式特征

(1) 各银行只能为自己的顾客办理业务,对跨行的客户不受理支付业务。

(2) 移动服务商为服务提供商,只提供信息的传递,不参与资金的流动。

(3) 一旦用户转换到其他银行或者改变手机终端,都需要支付较大的转换成本。

3. 运营模式的优劣势(见表4-3)

表4-3　以银行为主体的运营模式优劣势分析

优势	劣势	典型案例
(1) 避免监管问题 (2) 提供自己的银行卡,具有用户独立的移动通信支付平台	(1) 各银行只提供本行服务,技术规范、业务规范统一、银行间的互联互通成为问题 (2) 银行资本实力有限,对最终用户影响较弱 (3) 只解决移动支付转接平台运营的问题,未考虑移动支付应用平台的运营问题	中国银联"手付通": 中国银联"手付通"的支付载体为手机中金融智能卡,所要完成的支付信息通过手机进行终端处理,采用无线通信网络和非接触通信技术实现手机现场支付和远距离支付

4.2.3 以第三方支付服务提供商为主体的运营模式

1. 运营模式简介

第三方支付服务提供商作为单独的经济实体处于产业链的核心环节，移动运营商和银行只是作为合作伙伴存在。第三方支付服务提供商的收益主要来自两个部分：一是向运营商、银行和商户收取设备和技术的使用费；二是与移动运营商以及银行就用户业务使用费进行分成。

2. 运营模式特征

(1) 产业价值链的结构比较灵活，第三方支付服务提供商可以与不同银行成为战略伙伴，该模式下的顾客可以从属于不同的银行，且银行之间也是互联的。

(2) 用户与银行之间的服务变得很简单，且价值链上的企业之间责、权、利明确。

3. 运营模式的优劣势(见表4-4)

表4-4　以第三方支付服务提供商为主体的运营模式优劣势分析

优势	劣势	典型案例
(1) 运营高效，资源复用度高 (2) 提供商独立于移动支付运营平台	(1) 对第三方支付服务提供商的资金运转能力、市场管制能力、客户管理能力等要求比较高 (2) 价值链可能会处于瘫痪状态	支付宝"手机安全支付方案"： 只需在手机上安装带有支付宝接口的应用软件，就可以通过支付宝账号完成软件中包含的所有交易活动的支付操作

任务4.3　移动支付安全

相比传统的现金支付等方式，无处不在的移动支付方式在为人们带来便利的同时，也产生了一系列的安全问题，例如移动支付账号或密码被盗、验证码短信被劫持转发等。据相关调查报告显示，安全问题已经成为广大移动支付用户最关注的问题。如果不解决移动支付的资金安全问题，势必会影响移动支付的发展，并会给移动支付用户造成巨大的经济损失。

4.3.1 移动支付安全问题

1. 移动终端本身安全问题

移动终端(多指手机)自身普遍存在着安全漏洞，犯罪分子可能会通过不同手段收集通讯录、文件等重要信息并加以利用，或者陌生人通过手机发送的链接和文件造成安全问题。用户使用手机时还会遭遇垃圾短信、骚扰电话、电信诈骗，犯罪分子冒充国家机关工作人员实施诈骗，诱使被害人转账实施诈骗，给用户带来难以挽回的经济损失。

2. 针对移动支付的木马病毒

移动支付的手机木马病毒是目前移动支付环境中最大的威胁。随着移动支付的快速普及，支付类病毒的发展速度也远超前几年，犯罪分子经常会通过伪基站技术，将携带手机木马链接的短信伪装成网上购物、同学聚会、订阅杂志等信息向用户发送，手机中存储的移动支付账号密码以及个人用户隐私信息等就有可能被犯罪分子非法窃取。

3. 移动支付App监管薄弱

目前，我国的移动支付App客户端数量众多，这些客户端均是由各个软件开发商自行设计开发，并没有一个统一的能够被广泛认可的行业安全标准，由于开发水平参差不齐，且对于这些移动支付App的监管力度较为薄弱，App中若存在病毒或木马，可能会给用户带来风险。

4. 公共免费Wi-Fi带来的风险

我国各大城市的许多场所，如商场、车站、机场等都覆盖了免费的公共Wi-Fi，给用户带来了极大的便捷。然而，这些免费的公共Wi-Fi具有一定的风险性。如果公共Wi-Fi被植入钓鱼网站，或者用户连接上了黑客搭建的与公共Wi-Fi极为相近的名字的仿冒Wi-Fi，则用户在进行移动支付时，就有可能被黑客盗取用户的账号和支付密码等，进而造成资金损失。

4.3.2 移动支付安全问题解决对策

1. 提高用户移动支付安全意识

为提高用户移动支付安全意识，首先建议用户使用加密芯片，加强对自身手机的安全性防护；其次是用户要有保密意识，妥善保管移动支付使用的支付密码、验证码短信等个人隐私信息。在移动终端进行的App下载，务必在正规应用商店中进行，并下载正版官方软件。在移动终端中安装安全防护类应用软件，对欺诈短信和支付类病毒等进行有效拦截和预警，以保证移动支付环境的安全性。

2. 使用生物识别技术

生物识别技术，即利用人体的指纹、脸部、静脉、虹膜和声纹等个人特有的特征，在移动支付时代替传统密码进行身份验证。生物识别技术具有高安全性、唯一性等特点。智能手机在技术上的成熟发展使得应用移动支付生物识别这一过程变得简单方便，且成本不高。例如指纹支付，用户只需要在支付时将手指放置在指纹传感器上，就能帮助金融机构远程核实用户身份，轻松实现支付，并且生物识别被黑客或犯罪分子突破的难度较大，这对于防止支付欺诈非常有效。

3. 落实实名制

绝大部分的诈骗短信和木马短信都是由虚假手机号发送，并且，在电信诈骗中，不法分子也大多利用虚假手机号转移受害者的资金，因此，运营商应全面落实手机卡实名制，杜绝虚假手机号。在移动支付类App中，应实施人证合一的实名制制度，将用户的银行卡与身份证和手机号进行身份绑定，为移动支付用户提供最大限度的安全保障。

4. 加强移动支付相关法律法规监管

我国在移动支付这方面的法律法规尚不完善，因此，一方面要建立针对移动支付安全性等的行业标准，另一方面要建立起完善的法律法规制度，用法律来制约电信诈骗等新型犯罪手段，使得消费者在维权方面有法可依。

◢◣ 项目小结

本章主要介绍移动支付基本知识，介绍移动支付概念、移动支付主要运营模式、移动支付安全问题等内容。本章将移动支付涉及的知识点全面、系统展示出来，学生要重点把握移动支付概念、三种移动支付运营模式、支付安全及措施等内容，提高对移动支付知识的全方位把握。

◢◣ 项目拓展

【岗位介绍】
岗位：支付宝数字商服

1. 岗位职责

(1) 开拓本地零售、餐饮等服务业商家资源，快速有效地完成商户覆盖任务，联动商家共拓市场。

(2) 针对商家群体特征，结合市场及我方产品，针对不同行业商户的季节性，及时联合商户实施涉及商品维度的营销方案。

(3) 完善商户基本资料，建立有效的客情，联合商户共同运营优质用户，提升用户的活跃度。

2. 任职要求

(1) 具备较强的抗压能力和创新意识。

(2) 有2年及以上的渠道拓展经验，有消费金融行业从业背景者(参考买单侠、信用卡中心、捷信、马上消费金融、乐信分期)优先。

(3) 具有良好的协调和沟通能力、推动实施能力，能快速推动业务合作达成。

(4) 具备较强的商务谈判和独立的市场开拓能力，勇于接受挑战。

(5) 为人正直、诚信、吃苦耐劳，对工作有激情，具有团队精神。

3. 基本要求

(1) 工作踏实，执行力强。

(2) 有一定的支付宝相关工作经验。

【实训操练】

1. 实训目标

(1) 了解移动支付相关知识。

(2) 通过移动支付项目，了解移动支付的基本流程。

2. 实训环境

(1) Android或iOS智能手机，开通3G/4G网络或连接Wi-Fi。

(2) 个人身份证。

3. 实训背景

移动支付是对所消费的商品或服务进行账务支付的一种服务方式。它的主要原理是用户通过移动设备、互联网或者近距离传感直接或间接向银行金融机构发送支付指令，产生货币支付和货币转移行为，从而实现移动支付功能。手机支付宝为用户提供货币支付等金融业务，是移动金融服务的一种，是移动商务的重要环节。

4. 实训指导

支付宝操作流程如图4-1所示。

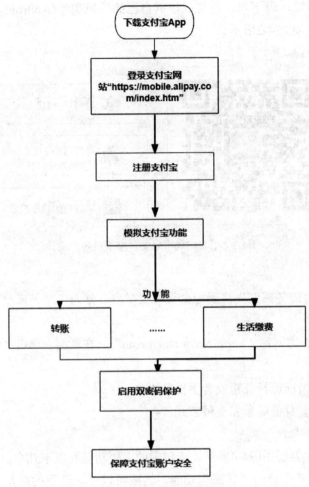

图4-1 支付宝操作流程

1) 下载支付宝App

(1) 登录支付宝网站 "https://mobile.alipay.com/index.htm"，如图4-2所示，在界面上单击 "立即下载" 选项。

图4-2 支付宝下载界面

(2) 可以选择手机扫码下载,也可以根据自己的手机类型(Android、iPhone)选择下载支付宝手机客户端,如图4-3所示。

图4-3　手机扫码下载支付宝手机客户端

2) 注册支付宝

使用支付宝支付服务需要先注册一个支付宝账户,分为"个人账户"和"企业账户"两类。

(1) 登录支付宝官方网站"https://www.alipay.com",在页面上单击"立即注册"选项。

(2) 选择"同意"。

(3) 根据自己的情况选择邮箱或者手机号注册。

(4) 根据提示设置身份信息和支付方式。

3) 支付宝的主要功能

手机支付宝的主界面如图4-4所示。支付宝的主要功能有以下几个。

(1) 转账。在主界面单击"转账"功能,转账可以"转给我的朋友""转到支付宝账户"以及"转到银行卡",如图4-5所示。

(2) 生活缴费。在支付宝上,可以缴纳水电燃气费、有线电视费、固话费、宽带费、物业费和暖气费等。

(3) 信用卡还款。单击界面的"信用卡还款",可以免费查询信用卡账单、免费还款,还有自动还款/还款提醒等增值服务。

(4) 付款。线上付款的流程"拍下宝贝→确认付款→收银台→卖家发货→确认收货→评价"。

(5) 余额宝。余额宝是支付宝推出的理财服务,但也能用于日常的购物、信用卡还款等操作。单击界面的"余额宝",可以把绑定的银行卡里的资金或支付宝的余额转入余额宝,也可以把余额宝里的资金转出到银行卡或余额。

(6) 尝试支付宝的其他功能。

图4-4　手机支付宝主界面

图4-5　手机支付宝转账界面

4) 支付宝的安全保护——启用双密码保护

为了保障支付宝账户安全，应启用双密码保护。注册时，填写不一样的登录密码和支付密码，这相当于给账户加了两把坚固的"锁"。尤其是支付密码，能保护用户的资金安全。另外，支付宝绑定手机号，能够帮助用户找回密码、管理安全产品等，更能实时接收变动信息。

5. 实训题目

根据实训指导，利用手机支付宝进行模拟演练支付。

(1) 模拟支付宝转账到自己银行卡操作。

(2) 模拟查看支付宝余额，并学习支付宝余额功能。

【知识巩固与提升】

项目4　习题

项目5 | 移动营销

项目描述

通过本项目学习，学生能够掌握移动营销的定义及特点，了解移动营销理论，通过各类移动营销应用(微信营销、微博营销、短视频营销、直播营销、LBS营销、二维码营销、H5营销)的介绍及案例分析，可以区分各类移动营销应用的特点，并熟悉营销流程；了解移动营销岗位需求，通过实训操练，能够根据企业市场营销目标，进行移动商务营销方案策划，并撰写移动商务营销报告。

项目目标

【知识目标】

(1) 掌握移动营销定义及特点。

(2) 了解移动营销理论。

(3) 理解并区分移动营销的各种应用并掌握其概念。

(4) 熟悉移动营销各种应用的各自特点及营销策略等。

【技能目标】

(1) 熟悉各种移动营销应用的使用流程。

(2) 熟悉各种移动营销应用的日常运营。

(3) 能够根据市场需求及企业营销目标，进行移动商务营销方案策划，并撰写移动营销策划书。

 **项目导入**

【思维导图】

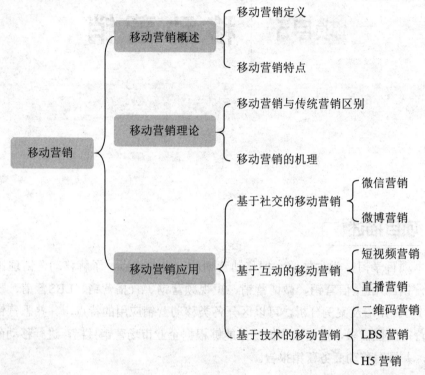

【案例导入】

❧ 极果网多渠道移动营销助力华为折叠手机成功触达消费者 ❧

华为Mate X2是折叠手机的一次巨大飞跃，首次在行业内实现内折无缝、微痕的折叠设计。产品推出后，华为联合极果网进行新品的移动营销推广。

极果网针对华为Mate X2新品折叠屏手机，全新的内折形态、独有的双旋水滴铰链、展开后视觉体验惊艳的大尺寸内屏等特点，构造了一个可折叠的赛博朋克城市概念，用赛博朋克炫酷的视觉概念包装赋予产品未来科幻感，放大产品的特性，使其与惊艳的折叠设计相融合，通过评测视频的噱头及趣味性触达更多圈层，拉近产品与消费者之间的距离，让其产品力深植消费者心中。

2021年4月15日，以《硬核脑洞致引力消失？我们用华为折叠屏手机造了座赛博未来城》为标题的文章在极果微信头条首发。该条推送通过用户喜好的视频，结合H5等方式，以"科幻""赛博朋克"为话题点发布创意趣味视频，实现朋友圈刷屏转发，极大地增大了产品及品牌的声量，同时打破了产品固有的印象，拉近了产品与消费者直接的距离。

华为Mate X2创意视频项目曝光量3120万，阅读量896万，使得华为这款折叠手机成功触达消费者！

资料来源：广告人网.极果网为华为折叠屏手机造了座赛博未来城[EB/OL].(2022-04-12)[2021-05-08]. http://www.admen.cn/content/38179.

思考与讨论：

(1) 通过案例，你觉得华为联合极果网的移动营销推广是否成功？你会否通过"赛博未来城"的视频对此款折叠手机产生兴趣？

(2) 案例中，你觉得华为折叠手机采用的移动营销推广方式有哪些？

项目实施

任务5.1 移动营销概述

5.1.1 移动营销定义

关于移动营销的定义，学界较为认可的是2009年由美国移动营销协会(Mobile Marketing Association，MMA)提出的"移动营销是指基于定位的、经由移动设备或网络进行的、通过个性化定制与消费者相关的互动的形式，使企业与消费者能沟通交流的一系列(营销)实践活动"。该定义认为，移动营销具备基于消费者当前的背景环境及地理定位，进行品牌传播、营销交流和商业活动的潜力。

从广义上讲，移动营销指移动环境下的营销，将营销信息推送至智能手机、平板电脑及其他智能可移动终端设备的营销形式。营销的本质是满足用户需求，达到企业盈利目标。从狭义上说，移动营销是通过移动媒介来向用户推送实时定位的个性化营销信息，满足用户需求，为企业与其终端用户提供交流互动渠道，提高企业利润的一系列增值促销活动。

5.1.2 移动营销特点

移动营销是一种全新的营销模式，具有以下6个特点，如图5-1所示。

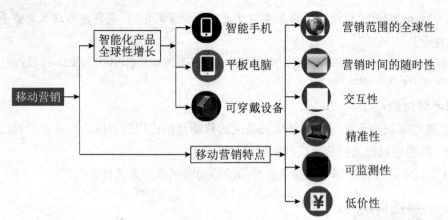

图5-1 移动营销及其特点

1. 营销范围的全球性

互联网络具有的共享性和开放性，决定了互联网信息无区域、无时间限制，可在全球传播，因此移动营销范围具有全球性的特点。

2. 营销时间的随时性

移动商务使交易超越时间的限制，企业有更多的时间和更大的空间进行营销，也可以在任何时间进行营销。比如，企业可以设定移动设备推送广告的时间，在适当时间给不同国家、不同时区的用户进行商品信息及商品促销活动的推送，实现营销的随时性。

3. 交互性

在移动商务环境下，企业可以更方便地通过大数据及算法技术，在不同的移动场景对用户进行营销推送，用户也可以对产品从设计到定价和服务等一系列问题发表意见。这种双向互动的沟通方式提高了消费者的参与性和积极性，更重要的是，它能使企业的营销决策有的放矢，同时凭借由"货、场、人"[1]到"人、货、场"[2]的重构，从根本上促进用户的购买意愿，提升用户满意度。

4. 精准性

由于每部移动设备对应一个用户，营销人员可以利用大数据等分析技术，追踪用户的兴趣、爱好、年龄层次、上网习惯和浏览记录等信息，向用户推荐相关商品，实现有针对性的个性化精准营销，提高营销的效率和精准性。

---

[1] "货、场、人"，即传统企业经营，先生产产品，再去找到销售渠道，进而卖给消费者。

[2] "人、货、场"，即新型企业经营，先用户定位，并经营用户的认知，再为用户生产(越来越个性化定制)产品，同时要注意产品的媒体化，最后构建销售场景。这个场景不仅仅是传统意义上的渠道，一切线上线下有利于用户对该产品产生需求、提升认知、获得美好体验的交互情景都叫场景，也都是销售场。

5. 可监测性

在移动营销过程中，通过相关监测软件及数据分析技术，企业可准确地了解移动营销效果，通过用户画像等分析，及时、有效、迅速地进行移动营销方案的调整，实现最有价值的营销。如直播间的用户数据都是实时的，哪款产品用户关注度高，哪种促销方式(优惠券、满减、会员卡等)提升用户购买率等，为企业提供了监测营销活动的便捷手段。同时，现阶段数据资源已成为新的社会生产要素，用户数据对企业将有更重要的意义。

6. 低价性

相对于传统媒体广告及传统电商平台昂贵的广告营销费用，现阶段移动营销价格成本较低，所以，移动营销是企业扩展销售渠道和增加客户的一种手段。首先，移动终端客户群体庞大，其营销不受时间和地域的限制，具有的快捷、覆盖面广的特点满足了用户的使用需求。其次，通过移动营销进行信息的交流和传递，减少了在传统营销中实物(印刷制品)的费用。

任务5.2 移动营销理论

5.2.1 移动营销与传统营销区别

随着互联网时代的到来，人们消费理念和消费习惯逐渐改变，又伴随着年轻一代逐渐成为消费的主力军，不仅是快消行业，越来越多的传统企业，如各大车企、家电企业等，纷纷加入移动营销的队伍，在秉持传统营销的渠道优势外，积极试水移动营销，以期实现更好的企业业绩。但鉴于移动营销自身的特性，使其与传统营销(包括传统媒体营销和传统网络营销)在许多方面存在显著差异(见表5-1)，各大企业在营销过程中要有的放矢地采取移动营销策略。

表5-1 移动营销与传统营销区别

区别	传统媒体营销	传统网络营销	移动营销
用户群体	各年龄层； 各知识水平层	以中青年群体为主； 以受过良好教育的群体为主	以年轻群体为主； 各知识水平层
营销受众	传统媒体用户	接入固定宽带的电脑用户	接入移动网络的移动终端用户，可实现多屏交互
营销渠道	传统媒体广告	电商平台广告(网站广告位、网站营销活动、关键词竞价等)	新媒体广告(视频端贴片广告、内容化信息流广告、激励型广告等)
营销方向	单向营销	以单向营销为主	双向互动的营销

(续表)

区别	传统媒体营销	传统网络营销	移动营销
营销成本	高	中	低
营销内容	丰富翔实； 各种格式的文本、音频与视频	丰富翔实； 各种格式的文本、音频与视频	针对不同用户，个性化定制营销内容； 针对不同传播渠道，定制特定格式及大小的文本、音频及视频
营销实现	普适传播，构建品牌标志，促进用户购买	通过网络，提升品牌知名度，借助促销等手段，促进用户消费	通过产品使用场景的构建，精准触达用户，辅助即时参与、互动反馈等方式，达成交易

5.2.2 移动营销的机理

移动营销理论经历了由传统营销理论到移动营销理论的演进，4P(product，price，place，promotion)理论为企业开展营销提供了基础框架，4C(consumer，cost，communication，convenience)理论强化了以消费者需求为中心的营销组合，4R(relationship，retrenchment，relevancy，rewards)理论强调建立企业与顾客的长久互动关系，4D(demand，data，deliver，dynamic)理论突出了移动互联网时代营销以用户为中心的新变化，4S(satisfaction，service，speed，sincerity)理论揭示了移动互联网时代营销要素组合成的基本营销规律，4I(interesting，interests，interation，individuality)理论着重分析电商社会化媒体营销实现路径，更是移动电商营销发展的重要方向。营销理论的演进如图5-2所示。

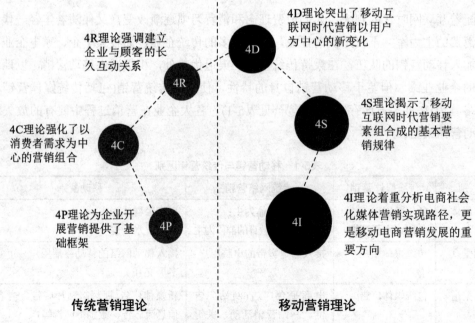

图5-2 营销理论演进

鉴于4I理论在移动营销中被更广泛地应用，以下重点介绍移动营销4I理论。

4I营销理论不仅是电商社会化媒体营销的实施理论基础，更是移动电商营销发展方向，可帮助企业强化营销深度。学界对4I模型的研究自1994年起就有讨论，2009年国内学者刘东明进行总结并提出"4I原则"：趣味(interesting)、利益(interests)、互动(interaction)、个性化(individuality)。

(1) 趣味。目前互联网产品立足点多数集中在"娱乐"，这在以充满趣味的文字、图片和视频展现内容、碎片化时代的移动营销更是如此，枯燥、官方的话题已逐渐被网民摒弃，缺乏趣味性的话题，网友将敬而远之，而没有转发分享的传播内容将不再有营销价值。

(2) 利益。利益是指给移动营销媒体粉丝关注和分享的理由，即刺激信息交互的催化剂，无论是话题还是活动，都需要能够深入用户内心。企业通常会策划活动或以话题投票的方式给粉丝带去利益，主要包括物质和精神两方面，即不仅有物质利益，也有能满足其内心需求的事物。

(3) 互动。与传统广告相比，互动是移动营销的最大特性。在移动营销中，企业可以通过平台与目标用户直接对话，及时回复反馈的问题，且能够感知到用户对企业的评价和好感度，这是传统报纸、杂志等媒体无法比拟的。因为互动是企业进入用户内心世界的桥梁，也是赢得用户的必经之路。

(4) 个性化。移动媒体与传统的平面媒体最大的区别在于它具有生命力，是一个个鲜活的个体，拥有自己的性格和态度。

以上营销理论为企业开展移动营销提供了理论基础和解释框架，企业也在实战中积极探索，不断创新，诞生出许多新颖的移动营销应用，包括微信营销、微博营销、短视频营销、直播营销、LBS营销、二维码营销、H5营销等。

任务5.3 移动营销应用

移动营销的手段、方式随着技术的发展在不断变化，新的营销手段和方式层出不穷，移动营销的理论体系也在不断发展中，本文从平台、应用和技术等方面对移动营销形式进行了简要归纳，如表5-2所示。

表5-2 移动营销的形式

移动营销的主要平台	自建平台：网站手机版、企业App、微店等
	社交媒体平台：官方微博、微信公众号等
	其他平台：电商平台App、本地生活服务平台App、搜索引擎、短视频App、直播平台等
移动营销的常见应用	微信营销、微博营销、短视频营销、直播营销、二维码营销、LBS营销、H5营销等
移动营销的主要技术	NFC技术、蓝牙技术、二维码技术、LBS技术、H5技术等

同时，移动营销的常见应用模式由于支撑途径的不同，呈现不同的表现形式，大致可归纳为以下三大类：基于社交的移动营销、基于互动的移动营销、基于技术的移动营销。

5.3.1 基于社交的移动营销

1. 微信营销

1) 微信营销的原理及特征

微信营销是随着微信发展而出现的一种基于社交网络的营销方式，是互联网经济时代企业或个人营销模式的一种，包括销售、公共关系维护、品牌形象塑造、客户服务等一系列活动。鉴于微信用户规模和产品生态的多样性，微信构建了涵盖用户社交、金融、娱乐、生活服务、资讯、电子商务等多元生活场景，并以社会网络理论、交易成本理论、长尾理论为理论基础，形成了微信社群营销(内容营销)、用户转发、流量裂变、支付购买的商业闭环，构建了较为成熟的微信生态系统，即用户黏性高、易于裂变、成本低等，受到企业青睐，成为企业移动营销的重要途径之一。

微信营销具有形式多样化、精准度高、互动性强、传播速度快等特点。

(1) 形式多样化。微信营销的基本方法主要是通过微信为用户提供的功能来实现的，微信为用户提供了语音聊天、朋友圈、微信群、订阅号、服务号、支付、摇一摇、扫一扫、附近的人、摇一摇周边等丰富的功能；通过微信开放平台，还可以接入第三方应用。从内容上看，通过微信渠道，不仅可以发文字，还可以发图片、语音、视频，以及形式丰富的H5页面。微信多元化的功能给企业开展营销赋予了丰富的形式和多种可能性。

(2) 精准度高。微信拥有庞大的用户群，借助移动终端、天然的社交和LBS(location based service)等优势，每条信息都是可以推送的，能够让每个个体都有机会接收到这条信息，继而帮助商家实现点对点精准化营销。同时，微信号是与用户手机号关联起来的，也就是说用户注册微信号时必须提供手机号，这也就意味着微信用户的信息更加真实可靠，用户在关注微信公众号时，卖家可以获取到用户的性别、年龄、区域等可开放的部分属性，这样就能够根据用户属性，在公众号或者朋友圈进行精准广告内容的投放。

(3) 互动性强。微信是一个基于社交关系的互动社交平台，用户可以通过它进行交流沟通，商家通过用户的信息反馈了解其需求及产品推广情况，同时用户也可以通过留言的方式将遇到的问题及时反馈给商家，形成一个交流的闭环。所以，微信的点对点产品形态注定了其能够通过互动的形式将普通关系发展成强关系，从而产生更大的价值。可以说，微信本身的互动性决定了微信营销的互动性。

(4) 传播速度快。微信有约12亿活跃用户，是用户使用时长和频率最高的应用程序，庞大的用户量给商家带来了极大的营销价值和用户基础。微信是社会化的关系网络，用户关系是这个网络的纽带，而用户关系通常是真实的人际关系。微信强大的社交属性和移动属性，增强了微信传播的便利性。用户可以迅速而方便地将信息和内容分享到朋友圈，分享给好友或分享到微信群等，这样，基于用户的社交关系，可以实现信息的快速传播。

2) 微信营销的商业应用

微信营销的基本方法主要是通过微信为用户提供的功能来实现的。微信向用户提供了丰富的应用工具，赋予了移动营销多样的可能性，企业或个人可以通过微信所提供的这些平台工具进行口碑营销、点对点精准营销、关系营销、互动营销、内容营销、LBS服务。

微信适用不同的场景目标：微信公众号是内容主阵地，创造话题；微信朋友圈(微信群)，适合沟通互动，营造氛围，增加用户黏性；小程序实现切换场景，转化效果好；个人微信号或客服号，适合深沟通，深化关系，优化用户情感体验。由于个人微信号或客服号不是增加流量的主要方式，下面将就企业主要运用的三种微信增加流量的方式，即微信公众号营销、微信朋友圈营销及微信小程序营销做出梳理。

(1) 微信公众号营销。微信在2012年8月18日开办了微信公众号业务吸引企业入驻。企业可以在微信公众号上通过推送文字、图片、语音、视频等把新品发售、促销、优惠券等信息推送给关注公众号的客户，提高用户关注度，又由于微信完整的支付体系，微信公众号内也可以直接发布产品销售链接，用户点击后可跳转到第三方平台进行购买支付，促进销售。同时微信公众平台兼具CRM(customer relationship management，客户关系管理)功能，可以借助客户评论获得简单易行的客户反馈，以此就能达成筛选客户、维系老客户、发掘客户兴趣、培养客户感情的营销目的，受到各大企业青睐。微信公众号营销的定义、特点及商业应用如表5-3所示。

表5-3　微信公众号营销的定义、特点及商业应用

定义	微信公众平台，简称公众号，可进行一对多的媒体性行为活动。商家通过申请公众微信服务号、通过二次开发展示商家微官网、微会员、微推送、微支付、微活动、微报名、微分享、微名片等已成为一种主流的线上线下微信互动营销方式
特点	可移动性强，操作上更占优势；用户群体不限，关注度高，即时性强，互动性高；覆盖面广，传播速度快；营销方式灵活，传播载体多元化；线上服务方便，广告成本低
商业应用	星巴克通过公众号推出的"自然醒"和"早安闹钟"活动，如图5-3所示 图5-3　星巴克的微信公众号营销

(2) 微信朋友圈营销。微信朋友圈拥有天然的SNS属性(SNS指社交网络服务，它包括了社交软件和社交网站可建立人与人之间的社交网络或社交关系的连接)，为企业或个人营销提供相对稳定的社群平台，是移动营销的一种主流方式。微信朋友圈营销分为两种：一种是通过微信官方渠道的朋友圈广告营销，一种是基于内容的微信朋友圈营销。见表5-4。

表5-4　微信朋友圈营销的定义、特点及商业应用

定义	企业或个人借助微信平台，在朋友圈发布广告消息或产品内容，利用熟人关系链来传播产品信息、销售产品等，称为朋友圈营销
特点	许可式互动推送；精准营销；营销方式灵活多样；用户黏性强；营销成本低；高到达率、高曝光率等
商业应用	通过微信官方渠道的朋友圈广告营销，一般指具有一定规模的企业，依托微信庞大的用户基数，通过微信官方，根据企业用户画像进行精准投放，以达到宣传企业品牌、用户互动、快速分享推广的效果。 　　2015年初，微信朋友圈上线广告功能后，宝马、可口可乐、vivo手机在1月25日晚8点45分进行朋友圈广告投放，如图5-4所示  图5-4　通过微信官方渠道的朋友圈广告营销

基于内容的微信朋友圈营销，指企业(个人)在朋友圈发送和分享软文，通过好友的转发、点赞和评论等互动推动文章快速传播，实现企业宣传、产品推广、电商引流等目标的营销方式。基于内容的微信朋友圈营销的策略如图5-5所示。

树立朋友圈专家顾问形象　→　发展粉丝，奠定用户群基数　→　做好内容营销，保持适当活跃度　→　定期组织互动营销，增强客户黏性　→　分析朋友圈的互动情况，灵活调整营销策略

图5-5　基于内容的微信朋友圈营销

(3) 微信小程序营销。微信小程序是一种不需要下载安装即可使用的应用，实现了"随需即用"，随着小游戏"跳一跳"的上线，2018年微信小程序迅速普及，至2018年底应用数量已经超过230万个，而2017年苹果App Store应用总数为210万个，小程序数量用了不到两年的时间就超过了苹果10年的应用数量。不论是互联网行业，还是传统企业，抑或是政府机关纷纷进行小程序布局，涵盖了商业、娱乐、游戏、社交、公共事务等方方面面，微信小程序营销也无处不在。微信小程序营销的定义、特点及商业应用如表5-5所示。

表5-5 微信小程序营销的定义、特点及商业应用

定义	微信小程序营销是以微信为平台，利用分享、传播、互动实现企业营销目标的一种营销模式
特点	跨平台；流量大；成本低；轻应用；高体验等
商业应用	肯德基小程序成"点餐免排队神器"，如图5-6所示 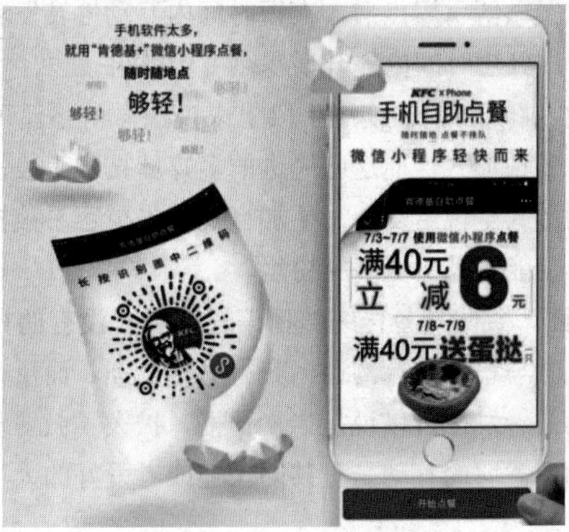 图5-6 微信小程序营销

2. 微博营销

1) 微博营销的原理及特点

微博，即微型博客(microblog)的简称，是博客的一种，也是一种通过关注机制分享简短实时信息的广播式的社交网络平台。微博是一个基于用户关系进行信息分享、传播以及获取的平台。用户可以通过Web、WAP等各种客户端组建个人社区，使用文字、图片、视频等更新信息，并实现即时分享。微博包括新浪微博、腾讯微博、网易微博、搜狐微博等。

　　微博营销是指企业或非营利组织利用微博这种新兴社会化媒体影响其受众,通过在微博上进行信息的快速传播、分享、反馈、互动,从而实现市场调研、产品推介、客户关系管理、品牌传播、危机公关等功能的营销行为。微博营销以微博作为营销平台,每一个听众(粉丝)都是潜在的营销对象,企业利用更新自己的微博向网友传播企业信息、产品信息,树立良好的企业形象和产品形象。企业通过每天更新内容就可以跟大家交流互动,或者发布大家感兴趣的话题,以此达到营销的目的。

　　微博营销有以下5个特点。

　　(1) 营销成本低。首先,微博营销的发布门槛比较低,操作难度也比较低。其次,微博营销的成本比较低,前期一次投入后,后期几乎不再需要维护成本,比起同样效果的广告,更具经济性。

　　(2) 传播速度快。截至2021年3月,微博月活用户达5.3亿,因此,以海量微博用户为基础,微博的名人效应和其特定的传播方式,往往能使信息传播的速度和效果呈几何式放大。一条微博在触发微博引爆点后,在短时间内互动性转发就可以使这条信息抵达微博世界的每一个角落,达到短时间内提升话题热度的效果。

　　(3) 形式多样性。从营销的使用手段上来说,微博不仅可以使用文字,还可以利用图片、视频、音乐等多种形式,而这些先进的多媒体技术手段,能够从多方面将企业品牌或者产品以更多样的形式呈现给受众,更加直观,也更容易被接受。另外,微博的拟人化和接地气的亲和力,也能够吸引更多的粉丝。

　　(4) 营销互动性。微博具备传统传播渠道和平台没有的社交属性,这也就意味着通过微博,企业能够及时与粉丝进行沟通,获得用户反馈,而反馈的方式一般会表现为评论、转发、点赞。尤其是转发,可以说是二次传播,扩大了微博营销的影响力。而且不同于微信的“熟人”互动,微博的互动是有共同兴趣或者爱好的人群在进行互动,进一步增加了对特定社区的黏性。

　　(5) 营销亲民化。微博比起其他营销模式具备一个突出的特点,即它对话题是没有限制性的,不管是政界人士、明星名人,还是一些外国友好人士,都可以通过微博拉近与普通民众的距离,同时也满足了用户(粉丝)想了解这些“名人”的好奇心理。而企业通过微博营销,也是同样的道理。

　　2) 微博营销的商业应用

　　微博营销作为企业社交营销的主要阵地,不乏优秀的应用案例,本文仅选择其中一个做简要梳理,见表5-6。

表5-6　微博营销的商业应用(以小米微博矩阵营销为例)

小米的微博矩阵营销		
小米公司官方微博	**小米手机官方微博**	**小米公司总裁雷军的微博**
截至2020年3月，小米公司官方微博的粉丝数量已达1375万，发布微博数量17 000多条。小米公司的微博主要是其产品官微的转发、有奖转发活动、新产品的宣传等内容，其微博平均每条的转发量在80，而评论的数量也是在100左右。图5-7为小米公司官方微博	截至2020年3月，小米手机官方微博的粉丝数量已达2862万，发布微博数量20059条。图5-8为小米手机官方微博 	小米创始人雷军的微博粉丝高达2284万，发布微博数量11043条。相较之下，雷军的微博拥有更高的人气。其置顶微博介绍小米10的性能，此条微博短时间内点赞人数达3.3万，转发人数达2181次，评论数量也达9877次。图5-9为小米公司总裁雷军的微博 
 图5-7　小米公司官方微博	图5-8　小米手机官方微博	图5-9　小米公司总裁雷军的微博

5.3.2　基于互动的移动营销

1. 短视频营销

1) 短视频营销的原理及特点

随着近年来移动通信技术、网络技术、计算机等技术发展，移动终端不断升级，短视频开始走向大众生活。国家版权局2021年6月1日发布的《中国网络版权产业发展报告(2020)》指出，2020年我国网络版权产业市场规模首次突破1万亿元，网络短视频用户规模达8.73亿。中国移动网民每日超过四分之一的时间在使用短视频应用，短视频已成为图文和语音之外的移动互联网"第三语言"。与此同时，短视频高流量、高热度、高日活的特征与众多品牌营销需求相契合，日渐成为营销行业的重要手段。

短视频是指在新媒体平台上播放的、适合在移动状态和短时休闲下观看的、高频推送的视频内容，其播放时间几秒到几分钟不等。视频内容融合了技能分享、幽默搞怪、时尚潮流、社会热点、街头采访、公益教育、广告创意、商业定制等主题。由于内容较短，短视频可以单独成片，也可以成为系列栏目。短视频也是对社交媒体现有主要内容(文字、图片)的一种有益补充，同时优质的短视频内容也可借助社交媒体的渠道优势实现病毒式传播。

短视频营销可以理解为，企业和品牌主借助于短视频这种媒介形式用以社会化营销(social marketing)的一种方式，是我们通过短视频的内容为用户创造他想要的价值，通过渠道分发与用户建立并维持关系，来获得回报的过程。随着众多互联网企业布局短视频业务，内容生产的专业性与垂直度不断加深，优质内容成为短视频营销的核心竞争力。短视频营销的过程如表5-7所示。

表5-7　短视频营销的过程

过程	内容
创造价值	为用户创造价值，主要考验企业的策划和拍摄的能力
建立连接	利用现在日趋稳定、成熟的分发体系，企业在多渠道分发的基础上，还要进行渠道的个性化运营
获得回报	获得回报即转化，怎么把用户转化为客户，怎么把公域的流量转化成回报，是考验企业的关键

短视频营销有以下4个特点。

(1) 视频时长短。视频时长可在几秒到几分钟，但人们注意力会随着视频时间增加而减少，能够博取眼球，实现快速、大量转发的优质短视频，一般控制在30秒以内。

(2) 内容生产简易化。移动应用商店的短视频应用软件已经达到专业设备的拍摄、制作水准，通过此类软件基本可以实现分镜头录制功能，也可植入缩放、AR、裂变等特效，在后续的剪辑过程中还可以自主选择背景音乐。简单的可操作性及多层次的体验感，让消费者更容易接受短视频，且乐于参与到创作过程中来。

(3) 传播呈现碎片化。短视频的时长一般在几秒到几分钟之间，这种时长的视频录制更为方便，基本上随手一拍就能发布到网上，内容上也更为丰富，更贴近生活。在信息化时代，人们碎片化时间增多，"短平快"的内容就更容易吸引人们的视线，让用户利用碎片化的时间随时随地"刷一下"。短视频营销也就变成了过程间断化、效果持续化的营销，实现了营销效果的最大化。

(4) 分享互动社交化。随着用户的持续增长，短视频领域的竞争愈演愈烈，视频互动逐渐成为人们生活的一个重要部分。快手等App可以使用微信、QQ等社交软件同账号登录，不管是视频作者还是用户都能轻松使用，甚至可以做到一键分享，更加方便短视频的多次转播。

2) 短视频营销的商业应用

短视频具有垃圾时间相对少、占用时间更长(相对文字)、立体式内容、多态的场景、互动性的体现、广告植入的方式更易接受(商业故事)、形式上能够承载叙事等优势，可以简单分为电影解说类、街头访谈类、生活技能类、吐槽段子类、美食类、科技数码类等。此外，云计算、移动互联、社交平台、大数据等几大技术力量，使短视频具备承载多元商业价值的发展空间，在商业模式上拥有了动态的创新可能。目前用户较多的短视频平台有快手、抖音、火山、B站、美拍、秒拍、小咖秀等。本文以抖音为例，梳理短视频营销成功商业应用，如表5-8所示。

表5-8 短视频营销的商业应用(以抖音"蒙牛"挑战赛为例)

短视频营销的商业应用
抖音"蒙牛"挑战赛

| 典型案例 | 一杯纤维奶昔牛奶除了靠美味口感拉动消费者购买外，还有哪些新鲜的尝试？一个统一的抖音动作，能有多大的影响力？"蒙牛"大胆做了尝试。

2018年，"蒙牛"新推出了一款慢燃纤维奶昔牛奶，主要面向"90"后、"00"后消费群体。为了将新品快速地渗透和触达目标人群，曝光新品，强化产品卖点，提升产品销量，"蒙牛"选择短视频的流量聚集地抖音，发起了一场"全民挑战慢燃环"挑战赛活动，引导参与者完成简单的挑战动作，并将挑战视频分享至抖音，引爆全平台对活动的关注，总播放量达742.6万次。抖音"蒙牛"全民挑战慢燃环挑战赛页面如图5-10所示

图5-10 抖音"蒙牛"慢燃环挑战赛页面 |

2. 直播营销

1) 直播营销的原理及特点

2016年被称为"中国网络直播元年"，截至2016年5月31日，国内网络直播平台高达250多家，直播用户数量已超过3亿人。其中各个互联网巨头纷纷入局，淘宝直播、腾讯直播、Bilibili、斗鱼TV、奇秀、花椒等各大直播平台竞相逐鹿。近年来，"直播带货"越来越深入地走进城乡居民的生活，对经济社会实践具有重要作用，成为新冠肺炎疫情期间经济恢复的一道亮丽的风景线。在2020年"天猫6·18"促销活动中，淘宝直播单日成交支付金额超过51亿元，成为"天猫6·18"的关键增量。2020年7月6日，人力资源和社会保障部联合国家市场监督管理总局、国家统计局发布了9个新职业，其中有"互联网营销师"以及"直播销售员"，国家对"主播"的地位给予了肯定，直播带货作为一种新的营销方式，也正被越来越多的企业所关注。

直播作为一种新业态，关于直播营销的定义学界还没有统一，有的学者认为，网络直播营销是通过网络直播平台和用户在线进行语音、视频、数据全方位地交流与互动，从而提升企业品牌的知名度、美誉度、认可度等，达到直接或间接营销的目的；有的学者认为，直播营销是由营销组织在互联网环境下主导实施的新型媒体营销传播过程，基于消费者需求导向，以在线视频直播为载体，与消费者建立双向互动的关系；有的学者认为，直播营销是指在现场随着事件的发生、发展进程，制作和播出节目的营销活动，该营销活动以直播平台为载体，使企业获得品牌提升或销量增长。

综上所述，直播营销是依托网络直播平台，由企业或个人在线视频直播，以展示企业品牌、打造企业或个人IP、推广新产品、发布促销信息等，并通过用户在直播间评论互动及粉丝群互动，最终将直播平台流量转化为用户购买，实现企业效益增长。

直播营销有以下5个特点。

(1) 时效性强。网络直播突破了传统传播方式的时间局限。用户只要有智能手机，在直播平台上直播，就可以将事件在第一时间传递给观众，同时追踪事件的发展进程。

(2) 互动性强。通过观看网络直播，用户不仅可以与主播互动交流，还可以与其他用户通过弹幕或评论进行互动交流。在用户与主播交流中，用户可以及时对主播提出疑问，主播可以及时解答用户的问题，并根据用户反馈及时调整直播内容和方向；在用户与用户交流中，用户之间可以交流观看网络直播内容的感受，进而增加用户体验感，增加用户黏性，提高转化率。

(3) 精准性强。直播营销通过数据化后台，可以实现直播全流程的可追踪化、可视化，使企业运营更趋精准。美国百货业之父约翰·沃纳梅克说过，我知道在广告上的投资有一半是无用的，但问题是我不知道是哪一半。这在传统营销过程中，几乎是无法避免的，而直播营销解决了企业最想解决的问题。通过直播营销，企业可以实时掌握用户的覆盖面和覆盖率、用户的增长数据、用户对不同产品的喜好程度等。同时，因为用户是边看边买，主播通过各种降价、买赠、打折等促销活动，便可把用户引流到相应的企业电商平台，实现用户的购买，在第一时间了解到销售的数据，进而实现本质上的精准营销，这是其他营销所不具备的特质，也使得越来越多的企业加入直播营销的战局。

(4) 体验感强。在短视频中，用户间只能通过弹幕、评论进行交流；而在直播间内，用户发的评论或者主播粉丝群内的讨论，主播都会积极回应，会直接点名回复某些用户的评论，用户仿佛身临卖场，与主播直接进行交流。这种真实的代入感、体验感，增加了用户与主播的情感联系，进而用户更加信任主播，对主播推荐的产品产生购买欲望，并在这种感官、情感的双重刺激下购买产品。这也成就了部分头部主播。品牌方正是看中主播的流量及牢固的用户基础，有针对性地选择某主播为其带货，进而实现企业销售收入的短期快速增长。

(5) 传播链路短。企业营销作为一种注重回报的活动，吸引注意力的最终目的是实现最终的购买力。由于传统营销传播的链路较长，企业先建立品牌形象，再针对产品锁定目标用户群，对目标用户群进行产品宣传，再引导目标用户群进行搜索并购买。从产品宣传到用户购买的过程存在明显时间差，目标用户可能在这中间就已经流失了。而网络直播平台能够轻松地实现"边看边买"的功能，当直播推介产品时，即时弹出购买链接，消费者无暇搜寻更多的同类商品，进行产品比较，便在主播的推荐和自身的互动体验情感作用下，轻松而主动地做出购买行为。在直播中，传播链路缩短，产品宣传直达目标用户，实现了企业营销变现的闭环。

2) 直播营销的商业应用

360集团董事长兼CEO周鸿祎曾经说过："我觉得直播是未来互联网最丰富，也是最强有力的表达方式，直播肯定会成为标配。"换言之，在直播行业风起云涌的今天，商业直播也已经大行其道，各行各业都开始尝试通过直播将自身的商业声音传达给更多人，在直观的信息交互中感动受众，并获取收益。

例如雷军的小米发布会直播就取得了很好的效果，罗永浩的锤子手机发布会直播为其营销带来了巨大成效，京东CEO刘强东通过直播为平台引来万千粉丝……这些事例表明，商业直播带来的商业价值是无法估量的，它打破了线下推广与线上营销的瓶颈，让受众能够随时随地了解商家及产品，从而创下更大盈利。

本文以直播营销助力脱贫攻坚为例，梳理直播营销的商业应用，如表5-9所示。

表5-9 直播营销的商业应用(以直播营销助力脱贫攻坚为例)

直播营销的商业应用
直播助力脱贫攻坚任务完成

典型案例	2020年，直播带货成为热词。受新冠肺炎疫情影响，线下实体店营业受到冲击，网购、带货成为商家的主要销售方式。一时间，政府官员、知名人士、影视明星、网络主播等纷纷加入直播带货的行列中，在全国掀起全民带货的消费热潮。 2020年也是脱贫攻坚的收官之年，直播间顺势成为脱贫攻坚的主战场，各大直播平台也纷纷助力，快手与国务院扶贫开发领导小组办公室等20多家官方机构和各地政府联合举办了"快手扶贫电商"等活动。在为期3天的活动中，1.54亿用户来到活动页面"逛集"，相当于王府井大街257天的客流量。活动中97位主播参与卖货，需要售卖的农产品获得了2.34亿次曝光，平均每3秒卖出一件，直接让16万贫困人口增收。2020年4月30日，人民日报新媒体发起"为鄂下单"系列公益带货直播，打通湖北滞销品销售链路，累计带货近300万单。有网友评论道"既帮助了湖北、又吃到了这么棒的美食，简直是双赢"。图5-11为央视主持人朱广权助力脱贫攻坚直播带货  图5-11 央视主持人朱广权助力脱贫攻坚直播带货

5.3.3 基于技术的移动营销

1. 二维码营销

1) 二维码营销的原理及特征

二维码区别于常见的条形码(一维码)，是用特定的几何图形按一定规律在平面(水平、垂直二维方向上)记录数据信息，看上去像一个由双色图形相间组成的方形迷宫。二维码的应用，可以分为被读类和主读类，如表5-10。

表5-10 二维码应用的分类

类型	内容
被读类应用	被读类应用以手机等存储二维码作为电子交易或支付的凭证，在金融支付、电子商务和团购消费领域有广泛使用，并渗透到了餐饮、购物、汽车、IT、传媒和旅游等多个行业，用户只要用手机对印刷在介质媒体上的二维码扫一下，就能通过手机上网获知相关信息，轻松获得电子优惠券、打折信息或电子门票等。企业还可以通过这个二维码向自己的特定目标用户群传递商务信息，真正实现精准营销
主读类应用	主读类应用以安装识读二维码软件的手持工具(包括手机)识读各种载体上的二维码，可用于防伪溯源、执法检查等，具体应用有拍码上网、商品防伪、食品溯源、拍码购物、信息导航、移动巡检、名片识别、信息发布等

二维码营销是指利用二维码技术，通过对二维码图案的传播，引导消费者扫描二维码，以此推广相关的产品、商家活动，刺激消费者进行购买行为的新型营销方式。二维码营销的核心功能就是将企业的视频、文字、图片、促销活动、链接等植入一个二维码内，再选择投放到名片、报刊、展会名录、户外、宣传单、公交站牌、网站、地铁墙壁、公交车身等。

二维码营销有以下4个特点。

(1) 低碳环保。二维码的出现大大减少了纸质宣传品的数量，降低了印刷成本，实现了低碳环保。

(2) 成本低、效果高。二维码的制作成本低廉，只要通过相应的网站服务，就可以进行制作，而且制作过程较简单，技术门槛较低。同时，随着二维码技术的提升，二维码可存储容量逐渐增加，实现二维码的批量制作及创意化设计，实现二维码营销的高效果，并且营销数据精准可查。

(3) 即时互动。企业通过二维码搭建企业与用户的互动平台，二维码帮助企业把握市场趋势，调整方向。

(4) 整合营销。企业可以通过优惠券、消费券等二维码，把线上用户吸引到线下消费，进而实现线上线下的互动，有利于企业营销组合的实施。

2) 二维码营销的商业应用

二维码虽然很早就进入中国，但直到2016年二维码营销及其应用迎来集体井喷，到现在全球超九成二维码应用在中国，二维码的应用模式也层出不穷，如图5-12所示。

图5-12 二维码的不同应用模式

二维码的商业应用，也由于其多样化的应用模式，有不同变化，下面以三个典型二维码的商业应用举例，梳理其商业应用，如表5-11所示。

表5-11 二维码营销的商业应用(以三个典型二维码商业应用为例)

二维码应用 典型案例	案例简要内容	
Emart超市隐形 二维码	中午，超市的人流量和销售量总是很低，于是韩国Emart超市别出心裁，在户外设置了一个非常有创意的QR二维码装置，正常情况下，扫描不出这个QR二维码链接，只有在正午12点，当阳光照射到它上面产生相应投影后，这个QR二维码才会正常显现(见图5-13)。而此时能够用智能手机扫描这个QR二维码，可获得超市的优惠券，如果在线购买了商品，只需等超市物流人员送到用户方便的地址即可	图5-13 Emart超市隐形二维码应用
特易购(Tesco)公司重新创造购物体验	在韩国，零售巨人特易购(Tesco)公司在熙熙攘攘的地铁站里推出了"移动超级市场"，消费者能够迅速地扫描选购需要的商品(见图5-14)。晚上，当他们回到家中时，这些货物早已送达，凭借这一举措，特易购迅速成为韩国在线零售业务的领跑者。而这种营销方式目前也为国内的综合性购物网站"一号店"所学习，在北京和上海的地铁和公交站点进行小范围的推广	图5-14 特易购(Tesco)"移动超级市场"应用

(续表)

二维码应用 典型案例	案例简要内容	
Turquoise Cottage 酒吧用二维码做 入场印章	Turquoise Cottage是印度新德里的一个酒吧。为了让顾客度过一个美好的夜晚，他们在进店的印章上下了功夫，将以前传统的图案换成了二维码。Turquoise Cottage将自己的这种创意印章称之为Buddy Stamp。 顾客只要用智能手机对准二维码，就能访问Turquoise Cottage的网站(见图5-15)。当顾客在晚上8点到10点扫描二维码的时候，他们能享受到酒吧的某些饮料的折扣，如果时间是早上6点到下午4点，它还能提供宿醉提示	图5-15　Turquoise Cottage酒吧用 二维码做入场印章

2. LBS营销

1) LBS营销的原理及特征

定位服务(location based service，LBS)，又称移动位置服务，它是通过运营商的网络或外部定位方式(如GPS)获取移动终端用户的位置信息，在电子地图平台的支持下，为用户提供相应服务的一种增值业务。图5-16为电子地图平台支持下的LBS。

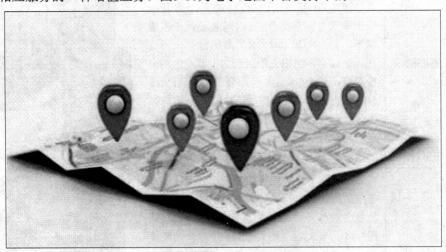

图5-16　电子地图平台支持下的LBS

LBS营销就是借助LBS相关技术，企业借助互联网或无线网络，在固定用户或移动用户之间，完成定位和服务销售的一种营销方式。通过这种方式，企业可以让目标用户更加深刻地了解企业的产品、特色服务、产品促销信息等，实现宣传企业品牌、加深市场认知度、扩大用户池等效果，最终提升企业市场占有率，增加产品销售收入。

LBS服务可以被应用于不同的领域，如健康、工作、个人生活等。此服务可以用来查看一个人或物的位置，如发现最近的提款机或朋友、同事目前的位置，也能透过用户目前所在的位置提供直接的手机广告，提供个性化天气信息，甚至提供本地化游戏。

LBS营销有以下5个特点。

(1) 具有分布性。在LBS中，密集信息处理和存储变得极为困难，集中式的信息存储和处理不可能满足LBS的要求。因此，LBS系统需要采用分布式技术。LBS的分布性可以体现在存储的分布性、计算的分布性、设备的分布性以及用户的分布性几方面。

(2) 具有定位性。手机定位服务商根据用户服务需求的不同提供不同的精度服务，并给予用户选择精度的权利。例如，美国FCC推出的定位精度在50米以内为67%，定位精度在150米以内为95%。定位精度一方面与采用的定位技术有关，另一方面取决于提供业务的外部环境，包括无线电传播环境、基站的密度和地理位置以及定位所用设备等。

(3) 覆盖率高。LBS一方面要求覆盖的范围足够大，另一方面要求覆盖的范围包括室内。用户大部分时间是在室内使用该功能，从高层建筑到地下设施，必须保证覆盖每个角落。根据覆盖率的范围，LBS可以分为三种覆盖率：在整个本地网、覆盖部分本地网和提供漫游网络服务。

(4) 用户体验感强。对LBS系统而言，一个很突出的特点就是用户体验感强。用户体验感是指系统从用户的角度出发，结合空间、时间信息以及个体用户周围环境的信息，自适应地提取当前用户感兴趣的信息。当一个系统实现了场景感知或位置感知的自适应以用户个体为中心时，LBS服务就从传统的人机交互模式转变成了人与环境的交互模式。用户不再过多地与自己的移动设备交互，而是与所处的周边环境直接交互，系统则通过推送方式或事件驱动的模式在移动设备上展示用户感兴趣的信息，用户仿佛置身在周边环境中，得到自己想要的信息或服务。

(5) 大众化。大众化是LBS应用的一个显著特点。LBS作为一种服务和应用发展起来，主要是面向广大的非专业用户。LBS的未来发展依然与其用户的大众化密切相关。

2) LBS营销的商业应用

由于LBS可以实现与各大移动平台、各类SNS社区等接入，LBS有着巨大的市场规模和良好的盈利前景，而随着产业链的完善、移动应用场景的创新，移动位置和位置服务市场有望日益壮大。以一款LBS游戏为例，梳理LBS营销的商业应用，见表5-12。

表5-12　LBS营销的商业应用(以一款LBS游戏为例)

LBS营销的商业应用	
	瑞典最安全的双手：瑞典邮政LBS营销案例
典型案例	瑞典邮政部门推出一款基于位置的游戏应用。这一款名为Sweden's Safest Hands(瑞典最安全的双手)的LBS游戏，不仅形式新颖、趣味十足，还能让用户在充分参与的过程中体验瑞典的邮政服务，完全达到了"寓教于乐"的效果。 　这款手机端的网络游戏，由当地的开发团队Akestam Holst特地为瑞典邮政服务开发。每天6点、12点、18点，服务器都会将一个新的虚拟包裹发送到手机应用上，并要求玩家携带手机前往指定地点。这款应用会用到参与者的位置信息，参与者需要运送40个虚拟包裹中的一个到城市里的预定地点。在此期间，参与者必须与其他人比赛，看谁的速度更快。然而，由于游戏应用会与手机自身的重力感应相结合，监测参与者是否保持手机平衡，参与者不能跑太快，既要保持手机平衡，又要跑在其他参与者前面，这是该游戏的难度所在，也成为吸引用户参加的因素。此外，参与者可以获得丰富奖励，最先将包裹送达预定地点的人还会得到主办方送出的包裹中的实体物品，价值300～5000瑞典克朗不等。"瑞典最安全的双手"游戏页面如图5-17所示  图5-17　"瑞典最安全的双手"游戏页面

3. H5营销

1) H5营销的原理及特点

H5是指第5代HTML超文本标记语言，是一种制作网络页面的先进技术，它会让手机网页看上去更炫酷，功能也更丰富多彩。应用H5技术可应用于制作会议活动邀请、品牌宣传推广、商品展示营销、新品发布、O2O电子商务等多个领域。对于H5小游戏，用户除可以在微信朋友圈转发分享之外，还可以分享到微博、豆瓣等各个社交媒体渠道，使用门槛极低。H5营销展现出应用形式更加简单，内容更加聚焦，传播方式更加灵活，传播速度更加迅速，版本升级更加便捷等营销优势。

H5营销是指利用H5技术(主要是HTML5技术)，在页面上融入文字动效、音频、视频、图片、图表、音乐、互动调查等各种媒体表现方式，将品牌核心观点重点突出，使页面形式更加适合阅读、展示、互动，从而增加企业曝光量，吸引用户访问企业相关内容，达到宣传推广的目的。

2014年起，H5营销作为一项创新营销形式正式进入人们视野。无论是基于H5页面开发的小游戏，还是邀请函、招聘公告，乃至网易、腾讯、人民网等大型网站开发的H5新闻页面，都试图通过这种以触碰、滑动为第一接触方式的页面技术向用户推荐产品、传播信息。

H5营销有以下5个特点。

(1) 表现方式多样。H5营销借助先进的数字技术，突破屏幕浏览的界限，实现图像绘制、屏幕擦除、摇一摇、重力感应、3D交互等互动效果。在制作内容上，H5根据不同的营销目的，设计不同的主题；在文字基础上，配以不同的音乐，增强用户的带入感，并且结合最新多媒体技术，通过不同形式的点击设置，让用户体验到新鲜感，进而增加转发。2017年6月1日，网易制作的H5《这是成年人不敢打开的童年》，以黑白为底色调，采用3D、幻灯放映技术，配以怀旧音乐，在H5页面设置不同的点击体验窗口，再现5部日本动漫中的经典片段，以"怀旧"元素触发了无数"80"后、"90"后的童年回忆。

(2) 内容呈现精简。H5页面是基于智能手机的表现形式，但阈于手机屏幕的尺寸及H5篇幅不宜过长，使得H5页面容纳信息有限。这就要求企业在制作H5时，将信息的聚焦点放在更突出的位置，倾向于精简化、结论性的内容表达，并且要将结论性观点及企业(产品)价值直接输出。同时，由于文字表现的乏味性，H5通过更多的动画、音乐、情节的设置去吸引用户对主题内容的注意，达到快速传播的目的。

(3) 交互平台借势。H5其实是基于互联网技术生成的一种新型表现方式，但由于其成本较低、制作简单，且符合互联网碎片化、交互式的传播习惯，被许多企业所使用。较典型的是"微信+H5"，如2017年爱奇艺借势七夕，推出"直男"考卷H5，以考卷问答形式，以基础、进阶、高级题的内容设计形式，让"直男"了解女性心理，此款H5一经发布，迅速在朋友圈扩散，并引发大规模的转发和现象级的热议。

(4) 精准化传播。H5广告依托强势的互联网技术，突破了传统广告"大一统"的传播局限，实现了定向传播。加之当今消费者更加主动的信息搜寻特性，H5广告依托其独特的技术优势，吸引了感兴趣的用户前来体验，是一种用户自愿转发的传播方式，而按照用户自身兴趣筛除掉非目标消费群，提高了传播的精准度。同时由于用户兴趣相投，H5广告转发带来的营销效果也更加精准。2017抖音的《世界名画抖抖抖抖抖起来了》，直接在抖音上发布，吸引众多抖音用户们主动转发，并且在艺术圈或相关美术、展览等行业传播速度较快。

2) H5营销的商业应用

随着人们不断探索H5营销的应用场景，H5营销在5G技术的支撑下成为融合网页动态效果、视频、AR、VR等技术的营销载体，同时由于其良好的兼容和嵌套性，成为企业进行内容宣传、实施营销组合、实现营销目标的重要载体，具有巨大商业潜力。本文以全球知名车企的H5营销为例，梳理H5营销的商业应用，如表5-13所示。

表5-13　H5营销的商业应用(以全球知名车企为例)

H5营销的商业应用
汽车营销新玩法，宝马通过朋友圈视频打造完整决策营销路径

借助朋友圈视频广告"小视频+长视频+H5"的组合广告模式，广告主能够有效传达品牌核心信息，并在与用户互动过程中深化品牌价值，树立在细分市场中的品牌优势。宝马于2015年12月10日在朋友圈发布的"贪吃蛇"广告，堪称此类玩法的一次创新尝试(见图5-18)。

图5-18　宝马H5营销的朋友圈视频广告截图

典型案例

宝马在朋友圈尝试了"小视频+长视频+H5"的广告组合，利用不同广告形式步步深入。其中，动感小视频制造悬念，吸引用户注意，制造亿级播放量；趣味长视频完整呈现创意，引发用户兴趣，吸引超70万次观看；互动H5深化品牌价值，激发用户欲望并促成转化，实现百万级点赞评论，最终打造完整消费者决策营销路径。

在极短时间内，宝马通过朋友圈视频广告收获1.3亿朋友圈总曝光、14%小视频总点击率、近2亿视频播放量、106万条点赞和评论。这个宣传效果是传统媒体广告所无法企及的，也奠定了宝马与微信的深度合作。以后数年宝马持续在微信朋友圈进行移动营销组合的创新

综上，移动营销已经与我们的生活密不可分，微信营销、微博营销、短视频营销、直播营销、二维码营销、LBS营销、H5营销等也已经成为企业新媒体营销不可或缺的组成部分。由于各种移动营销方式其自身特点不同，企业在营销过程中不可能使用单一的移动营销方式，而是以企业营销目标为基础，以用户体验为根本，综合运用多种移动营销方式。未来，随着经济社会的发展，企业和用户对移动营销的认知更加深入，社群营销及UGC(用户生成内容)等价值共创类营销将越来越受欢迎。同时，移动通信技术、物联网、大数据、人工智能、云计算等技术的发展，为新型企业以用户为本的"人—货—场"供应链再造提供可能，这也将带给移动营销更多的发展空间，移动营销将迈入多平台、多屏端、全链条、生态型发展阶段，会涌现出越来越多的不同移动营销方式的创新组合。移动营销的全域、全链、全周期推广将成为常态，也给企业营销人员带来新的机遇和挑战！

📐 项目小结

本项目主要介绍移动营销的定义、特点，移动营销的4I理论；详细分析各类移动营销应用的特点、营销策略及具体实施案例，包括微信营销、微博营销、短视频营销、直播营销、二维码营销、LBS营销、H5营销；随着移动互联网技术的发展、新兴科技的融入及移动营销场景的不断拓展，以丰富、创新人们的购物体验为流量基础，为满足企业互联网

时代获客、转化、留存等移动营销目标的实现,各类移动营销应用的组合使用,将推动各类移动平台、移动设备、上下游行业的协同发展,移动营销将迈入多平台、多屏端、全链条、生态型的全新发展阶段。

 **项目拓展**

【岗位介绍1】
岗位:平台运营专员

1. 岗位职责

(1) 负责微商城店铺运营工作,以动销为目标,结合外部资源策划微商城月度、节点的运营方案,并及时针对活动情况进行复盘与数据分析,及时提出改进措施,给出切实可行的改进方案;外部资源包括但不限于公众号、品牌活动等线上线下资源。

(2) 协助负责社群用户互动,打造有黏性、有转化的高质量社群,提高微商城销量。

(3) 对运营参数(整体市场、同行竞品、流量、营销、转化、客单价等)有很强的敏感性,能对数据进行分析,能够提出有效的落实改进方案。

2. 任职要求

(1) 对自媒体运营、行业会员运营等有一定了解,熟知各类线上营销推广工具,有较强的创新意识。

(2) 具有对新闻事件的高度敏感性,具有良好的新闻、话题判断和标题把控能力,对整合传播、新闻传播、活动与事件管理有较深刻的认识。

(3) 从事店铺运营,熟悉平台方的运营环境,策划及落地营销活动,有较强的数据分析能力,对运营参数有敏锐嗅觉,并可提出切实可行的改进方案。

(4) 熟练使用Word、Excel、PPT、Photoshop等软件,会使用SPSS、SAS、BI等数据处理软件更佳。

3. 基本要求

(1) 熟悉关键词遴选技术及软文写作方法。

(2) 熟悉微博营销、论坛营销、微信营销、搜索引擎营销、移动互联网广告、H5营销、二维码营销等主要网络营销手段。

(3) 了解移动互联网内容应用服务提供的相关知识;对互联网有深刻的学习和了解;掌握大数据技术及数据分析的方法。

(4) 了解Android、iOS、Windows Phone等手机系统平台的基本操作。

【岗位介绍2】
岗位:直播运营专员

1. 岗位职责

(1) 制定抖音、快手等店铺运营规划，完成月度/年度的销售目标，对销售额和毛利率负责。

(2) 负责店铺日常运营数据分析，根据数据情况调整运营策略，优化直播间效果，引导直播平台氛围，吸引流量，增加粉丝黏性，促进转化和提升影响力。

(3) 关注网络流行热点和竞品动向，快速策划适合抖音传播的内容，提高用户的关注度和黏性。

(4) 不定期收集分析市场数据，结合运营关键数据及时优化调整货品和运营策略。

2. 任职要求

(1) 熟悉抖音、快手等平台的运营环境、交易机制及规则等，精通平台营销，熟悉用户购物习惯、购物心理等。

(2) 具备较强的数据分析能力，能够通过数据制定相对应的运营策略。

(3) 收集、研究热点视频，能够准确捕捉其亮点，具备优秀的模仿及创意改编能力，能运营、懂创意。

3. 基本要求

(1) 熟练使用Excel、SPSS、SAS、BI、Python等数据统计及分析工具，可以结合不同分析软件特点，对直播数据进行分析，并就运营策略作适当调整。

(2) 熟悉直播选品技术，可以进行竞品分析，会分析及写作直播话术，能独立完成主播培训。

(3) 了解移动互联网内容应用服务提供的相关知识。

【实训操练】

1. 实训目标

能够搭建微信公众平台，进行微信公众平台运营，实现微信公众平台营销。

2. 实训环境

(1) 连接Internet的计算机，至少安装有Windows 7操作系统。

(2) 3G/4G/5G的智能手机，开通3G/4G/5G或有Wi-Fi使用。

3. 实训背景

微信公众平台简称公众号。企业利用公众号进行自媒体活动就是企业对消费者进行一对多的媒体性行为活动，如商家通过申请微信服务公众号进行二次开发，展示商家微官网、微会员、微推送、微支付、微活动、微报名、微分享、微名片等，已经形成了一种主流的线上线下微信互动营销方式。

微信公众平台的账号分为4种类型，如表5-14所示。

表5-14 微信公众平台账号类型及特征

微信公众平台账号类型	定义	适用人群	群发次数
订阅号	订阅号为媒体和个人提供了新的信息传播方式，其主要功能是在微信圈给用户传达资讯(功能类似于报纸、杂志，提供新闻信息或娱乐趣事)	个人、媒体、企业、政府或其他组织	订阅号(认证用户、非认证用户)1天内可群发1条消息
服务号	服务号为企业和组织提供更强大的业务服务与用户管理能力，主要偏向服务类交互(功能类似于12315服务热线、114查询台、银行服务)，提供绑定信息，服务交互	媒体、企业、政府或其他组织	服务号1个月(按自然月)内可发送4条群发消息
小程序	小程序是一种新的开放能力，可以在微信内被便捷地获取和传播，同时具有出色的使用体验		
企业号	企业号为企业或组织提供移动应用入口，帮助企业建立与员工、上下游供应链及企业用户间的连接，现已升级为企业微信		

4. 实训指导

手机微信公众平台搭建与运营的流程如图5-19所示。

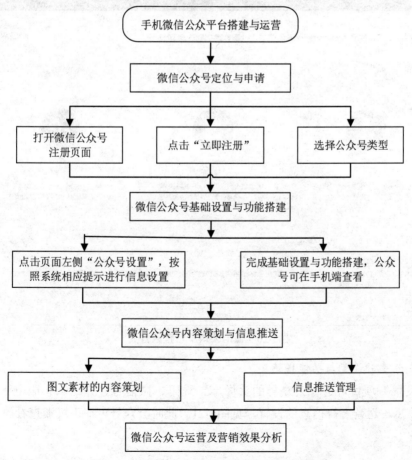

图5-19 手机微信公众平台搭建与运营的流程

1) 微信公众号定位与申请

公众号的定位要立足于所服务的目标群体，结合企业的公众号营销目标制定。明确了公众号的定位后，登录微信公众平台https://mp.weixin.qq.com，进行账号的注册申请，用户可根据定位选择合适的账号类型，如图5-20所示。同时，要注意微信公众服务号和订阅号的区别：服务号一个月只能发表4次，而订阅号可以一天群发一次；服务号可以搭建交易和支付平台，而订阅号只能通过留言评论进行第三方交易；服务号偏向于交易支付，服务为主，订阅号偏向于提供咨询推广。

图5-20　微信公众平台官网首页

2) 公众号基础设置与功能搭建

在"设置"项目可进行公众号的头像、二维码、微信号、介绍、客服电话、所在地址、主体信息、运营者等信息的设置，见图5-21。此时公众号可在手机端查看。

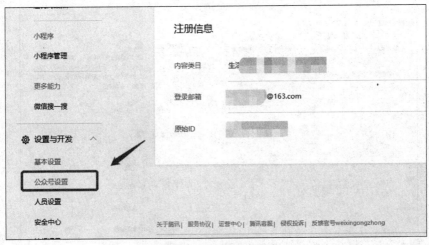

图5-21 公众号设置

3) 公众号内容的策划与信息的推送

公众号搭建完成后，便可根据目标群体特点进行内容的策划和信息的推送。内容策划应注重原创内容的发布，适当地进行二次创作或转载，亦可发布时效性新闻，鼓励用户投稿也是不错的选择。信息推送策略上要选择合适的推送时间，并控制推送频次。据研究，7:00—9:00、11:30—13:30、18:00—19:00、22:00以后是推送的高峰时间。当然，也可错峰推送，避开各个类型公众号扎堆推送的时间段。公众号内容的策划页面如图5-22所示，信息的推送页面如图5-23所示。

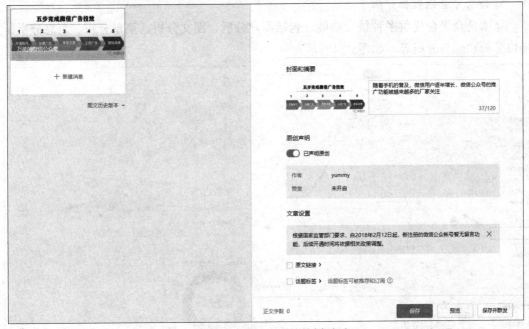

图5-22 公众号内容的策划页面

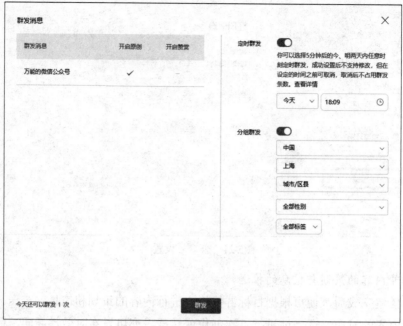

图5-23　公众号信息的推送页面

4) 公众号推广渠道筛选与实践

除了依靠原创内容进行吸粉和用户互动外，也可通过现有资源的导入、排名优化、公众号导航、公众号互推、线下活动引流等方式进行公众号的推广，以获得更多的用户。

5) 公众号营销数据分析

微信公众平台提供多种统计功能，包括用户分析、图文分析、菜单分析、消息分析、接口分析和网页分析等，如图5-24所示。

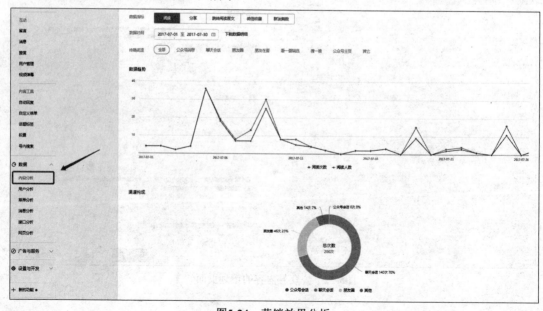

图5-24　营销效果分析

5. 实训要求

以团队或个人的形式分组，进行微信公众号的搭建及运营，并完成以下实训任务：

(1) 在前期市场调查的基础上，就某一感兴趣的领域，找准定位，注册一个微信公众号。

(2) 根据公众号定位，进入功能页面，完成功能的搭建。

(3) 依据公众号定位，进入内容栏目，完成素材库的上传及原创软文的上传。

(4) 利用信息群发功能，在特定时间内，针对特定用户进行软文的推送。

(5) 利用公众号广告或其他公众号营销方式，在一个月的时间内将公众号粉丝提升到100人。

【知识巩固与提升】

项目5 习题

项目6 | 移动电子商务物流管理

∧ 项目描述

通过对本项目的学习，学生能够了解移动物流基本概念、功能、移动电子商务与物流的关系，熟悉移动电子商务物流的主要模式，对智慧物流有一定的了解，同时在整体上实现学生对于移动电子商务物流管理的内容认知。

∧ 项目目标

【知识目标】

(1) 熟悉物流的概念和功能。

(2) 掌握物流、商流、信息流、资金流之间的关系。

(3) 理解移动商务物流模式。

【技能目标】

(1) 能够区分移动电子商务物流模式。

(2) 能够区分智慧物流与传统物流。

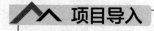 项目导入

【思维导图】

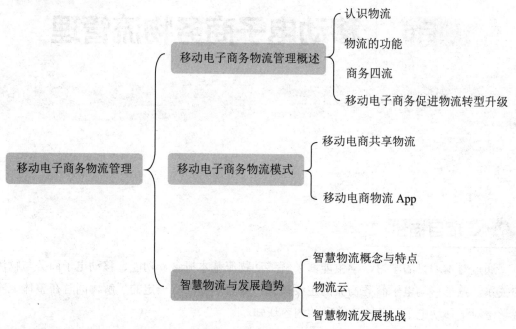

【案例导入】

∽ 京东物流App：渠道下沉，提升物流体验的幕后推手 ∝

2014年11月21日，京东宣布第一家大家电"京东帮服务店"在河北省赵县正式开业。作为京东渠道下沉的重要方式，数千家京东帮门店进入了农村市场。广大农村地区以及四～六线城市的用户在家也可以轻松下单购买京东大家电，享受到京东"送货上门、安装维修"的全流程优质购物体验。这些大家电是如何跨越省市到达消费者手中的呢？实现这种"跨区域配送"背后的技术支撑，正是京东物流项目中的重要一环——京东物流App。

据了解，作为京东渠道下沉的重要举措，京东除开设主要服务大家电的京东帮门店外，同时还挖掘农村特色产品，反向将农产品送到城里人的餐桌上，通过减少中间环节，让农民多挣钱，城里的居民也可买到更便宜的新鲜产品。面对铺设在全国各地的数千家京东帮门店，京东是如何管理的，又是如何有效挖掘农村一线信息的呢？这就不得不提一下京东物流App中的京东帮管理模块。

京东充分利用了移动端的优势，开发了基于LBS和GIS技术的考勤应用，通过定位京东帮门店运营人员当前位置坐标，对比门店坐标信息，判断其是否到达巡店地点，以此来管理分布在全国各地运营人员的线下巡店情况。

除此之外，京东帮管理模块还包括调研、照片管理、在线培训考试等功能。京东帮门店运营人员可能同时身兼乡村推广员，他们在巡店或在乡村推广时，可随时随地上传一

手资料，如某门店促销活动时的照片，或是把当地有特色的农产品信息以及当地居民需求度高的商品信息第一时间反馈汇总，这样利用京东帮管理模块，可收集到大量有价值的数据，通过分析，可以更好地指导京东帮门店或服务中心的运营，从而为当地用户提供更加符合他们需求的服务与产品。

在用户至上，提升物流体验的道路上，除了渠道下沉外，京东还立足供应链整合与优化，在成本控制、库存优化、效率提升、信息共享等方面发力，向供应商提供更加专业的仓储物流服务。在入库方面，京东为广大供应商提供了快速中转的TC(transfer center, 转运中心)运输服务，TC运输模块支持供应商随时随地查询自己的京东入库单和逆向退货单在途状态，点开详情后，订单的每个时间节点全部体现出来，在途情况一目了然。同时，京东物流还可以进行运输费用测算、运输时效预估、TC仓库地址和联系方式查询等功能，供应商可一键联系各地TC库房。目前已经有数千家供应商签约京东TC服务，在与供应商实现物流信息共享、提升操作便捷性方面，京东物流App的TC运输模块功不可没。

京东物流App从物流配送到上门安装、售后服务，再到门店管理、供应商物流管理，打通了电商供应链中正逆向物流系统的重要环节，也正在从业务和产品细节上，更全面更立体地打造京东物流移动开放平台，致力于更好地提升各个环节的运营效率，让用户享受到非同一般的物流体验。

资料来源：京东物流App：提升物流体验的幕后推手[EB/OL]. (20150-12-10)[2021-05-08]. http://www.ah.xinhuanet.com/2015-12/10/c_1117416268.htm.

思考与讨论：
(1) 京东物流App包含哪些功能模块？
(2) 京东物流App为升级供应商物流提供哪些服务？

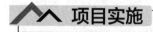
项目实施

任务6.1　移动电子商务物流管理概述

6.1.1　认识物流

1. 物流的概念

我国1978年从国外引进物流概念，2001年我国制定的第一个物流类国家标准《中华人民共和国国家标准：物流术语》(GB/T 18354—2001)批准发布，将物流解释为"物品从供应地向接收地的实体流动过程。根据实际需要，将运输、储存、装卸、搬运、包装、流通加工、配送、信息处理等基本功能实施有机结合"。

2006年，我国对该标准进行了一次修订，批准发布了第2版《中华人民共和国国家标准：物流术语》(GB/T 18354—2006)国家标准。

2021年8月20日，《中华人民共和国国家标准：物流术语》(GB/T 18354—2021)已获批准发布，于2021年12月1日正式实施。最新物流术语中将物流解释为"根据实际需要，将运输、储存、装卸、搬运、包装、流通加工、配送、信息处理等基本功能实施有机结合，使物品从供应地向接收地进行实体流动的过程"。某公司物流业务流程如图6-1所示。

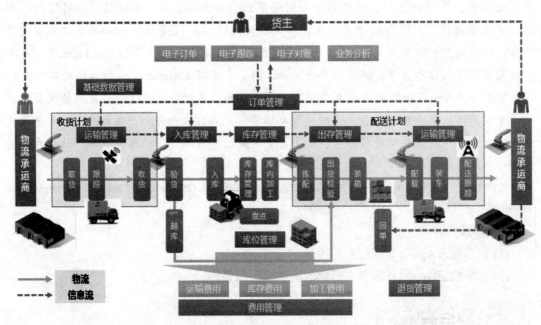

(图片来源：上海乘风咨询案例——上海波隆冷链物流v1.0)

图6-1　物流业务流程

2. 物流的起因

物流形成的原因，国际学术界基本上有两种观点。第一种观点认为物流是因为经济原因而产生的，即起源于人们对协调经济活动中物流及其相关活动的追求。阿奇·萧(Arch Shaw)被认为是最早提出物流(physical distribution)概念并进行实际探讨的学者。第二种观点认为物流概念是因为军事原因而产生的。1905年，物流这个概念第一次在军事中被明确地解释。詹姆士·约翰逊(James C. Johnson)和唐纳德·伍德(Donald F. Wood)认为，"物流(logistics)一词首先用于军事"。

1985年，美国国家配送管理协会(NCPDM)正式更名为物流管理协会(Council of logistics Management，CLM)，并将physical distribution改为logistics，认为"物流是为了满足顾客的要求，原材料、半成品、产成品以及相关信息从产出地到消费地为止的高效的移动，以及保管事项的计划、实施和控制的过程"。

在翻译上，汉语"物流"一词，最初引自日本人对"PD(Physical Distribution)"的翻译。20世纪60年代，PD的概念从美国引入日本，日本人最初把它翻译成"物的流通"，后来由日本著名学者平原直改为"物流"。1965年，日本政府在文件中正式采用"物流"这个术语。1981年，日本综合研究所编著的《物流手册》，对物流的表述是"物质资料从供给者向需要者的物理性移动，是创造时间性、场所性价值的经济活动"。从物流的范畴来看，物流包括包装、装卸、保管、库存管理、流通加工、运动、配送等诸种活动。

20世纪80年代初，"物流"这个词从日本传入我国，首先被我国的物资经济领域采用。20世纪90年代初，"logistics"的概念直接从欧美传到中国。虽然logistics的中文翻译为后勤、后勤管理，但我们仍沿用了"物流"的译法。

3. 传统物流与现代物流

目前，国内关于传统物流和现代物流的观点不尽一致。有相当一部分文献并不区分传统物流和现代物流，统称为物流。还有部分文献和政府的物流规划，一提及物流必以"现代"冠之，而往往并不明白"现代"的内涵。

现代物流与传统物流的主要区别有定义、特征、服务、侧重点、组成等方面。

(1) 定义的区别。传统物流一般指产品出厂后的包装、运输、装卸、仓储，而现代物流提出了物流系统化、总体物流、综合物流管理等概念，并付诸实施。

(2) 特征的区别。传统物流只是提供简单的位移，现代物流提供的还有增值服务。传统物流是简单的"仓库+汽车"到"另一个仓库"，只是按生产和销售部门的要求进行保管和运输。现代物流是现代化的仓库、交叉理货平台和信息网络的结合体，个性化服务特征明显，可以为客户量身定做某种服务。

(3) 服务的区别。传统物流是被动服务，现代物流是主动服务。传统物流是给钱才给传送，货品送达，客户才知道是什么货，它通常只是物品的流动，资金流未参与其间，信息流在物流完成后才发生。现代物流过程是商流、物流、信息流和资金流的统一。

(4) 侧重点的区别。传统物流侧重点到点或线到线的服务，而现代物流构建了全球服务网络。传统物流只是由生产企业到批发企业和零售企业的物流运动，它是点到点或线到线的运输，且运输工具单一。现代物流业是厂商直接与终端用户打交道，物流的领域将扩大到全球的任何一个地方。

(5) 组成的区别。传统物流是人工控制，而现代物流是信息管理。传统的物流过程是由多个业务流程组成的，受人为因素影响和时间影响较大。现代物流业务流程由网络系统连接，实现整个过程实时控制和信息高科技管理，给企业带来全新的管理方法。

6.1.2 物流的功能

物流系统由运输、储存、包装、流通加工、装卸搬运、配送、信息处理等各环节组成，具有七大功能要素，如表6-1所示。

表6-1 物流七大功能

基本功能	运输	运输是使物品发生场所、空间转移的物流活动
	储存	储存是以改变"物"的时间状态为目的的活动，从克服产需之间的时间差异获得良好的效用
技术功能	包装	包装是包装物及包装操作的总称，是物品在运输、保管、交易、使用时，为保持物品的价值、形状而使用适当的材料、容器进行保管的技术和被保护的状态
	流通加工	流通加工是指物品从生产领域向消费领域流动的过程中，为促进销售、维护产品质量和提高物流效率，而对物品进行加工，使物品发生物理、化学或形状变化的活动
	装卸搬运	装卸搬运是指在物流过程中，对货物进行装卸、搬运、堆垛、理货分类、取货以及与之相关的作业
重点功能	配送	配送是指在经济合理区域范围内，根据用户要求，对物品进行拣选、加工、包装、组配等作业，并按时送达指定地点的物流活动
	信息处理	信息处理是指通过收集与物流活动相关的信息，使物流活动有效、顺利地进行的一系列作业

物流系统各功能之间既相互独立，又密切联系，只有各个功能密切配合，整个物流系统才能高效、持续地运行。

6.1.3 商务四流

日常生活中，提到"物流"这个话题，经常会和资金流、商流和信息流放在一起说，故物流、资金流、商流、信息流统称"商务四流"(见表6-2)。商务四流是流通过程中的四大组成部分，它们互为存在，密不可分，相互作用，既是独立的存在，也是一个组合体，将其统筹规划会产生更大的能量，创造更大的经济效益。商流、物流、信息流及资金流关系如图6-2所示。

表6-2 商务四流

商流	物资在由供应者向需求者转移时物资社会实体的流动，主要表现为物资与其等价物的交换运动和物资所有权的转移运动
物流	根据实际需要，将运输、储存、装卸、搬运、包装、流通加工、配送、信息处理等基本功能实施有机结合，使物品从供应地向接收地进行实体流动的过程
信息流	人们采用各种方式来实现信息交流，从面对面的直接交谈直到采用各种现代化的传递媒介，包括信息的收集、传递、处理、储存、检索、分析等渠道和过程
资金流	在营销渠道成员间随着商品实物及其所有权的转移而发生的资金往来流程

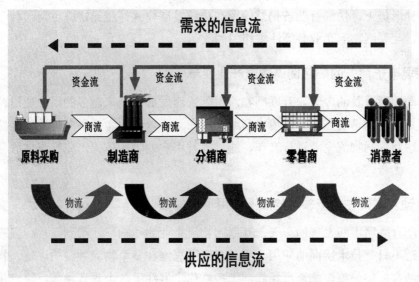

图6-2 商流、物流、信息流及资金流关系

6.1.4 移动电子商务促进物流转型升级

相对于新兴的互联网行业的高速发展,物流行业虽然起步较早,但其发展速度相对缓慢。因此,物流的发展需要经济商品的生产形成足够规模,降低成本消耗。但是,物流行业组织松散、秩序混乱、服务质量差的现状也成为其发展革新的巨大阻力。货运车辆与运货业主之间没有良好的信息交流,货车的返程空载现象频繁发生,也是物流行业现存的主要弊病。而移动互联网的高速发展,线上线下一体化模式的问世,给物流行业的彻底革新带来了新的希望。互联网依靠其本身巨大的优势,能够有效促进信息交流,提高企业参与市场竞争的积极性,丰富产品的多样化,给消费者更多的选择与参考。物流企业在发展过程中更加注重用户体验,其竞争焦点也从货源方面转到服务上。

1. 移动互联网的应用有助于物流管理的改革升级

移动互联网正逐步渗透餐饮、房地产、汽车等诸多行业。就物流行业而言,移动互联网将有效促进其改善服务质量,加速物流运转。发挥互联网的作用,不仅能够提高整个行业的运营效率,还能提升用户体验。

2. 快速发展的电子商务带动了物流管理的进步

近年来持续发展的电子商务对物流行业提出了较高的要求,若物流滞后,无疑会阻碍电商领域的发展。一方面,在电商行业发展的带动作用下,物流行业的运转效率逐渐提高,能够与现阶段用户分散的、个性化的、服务质量要求较高的需求相对接。另一方面,以前的物资运输多以小批量运营为主,与传统模式相比,同一时间段内的货运次数大大增加。

在这种形势下，快递行业若仍然停留在传统发展模式，就无法满足现代社会的物流需求，因此，互联网物流企业必须注重相关的改革。

3. 跨境电子商务的崛起倒逼物流产业变革

在海淘逐渐普及的今天，互联网物流得到快速发展，越来越多的用户通过跨境电商或海淘来满足自己的消费需求。跨境电商经营者在为国内消费者直供海外原装进口商品时，需要与移动互联网物流企业进行合作，通过提升用户的物流体验，完善整体服务，并突显自身的竞争优势。

4. 移动互联网在物流领域的渗透作用不断加强

在移动互联网不断发展的今天，互联网物流企业的结构模式得到改善。互联网在物流行业的渗透不只是技术层面的应用，更是互联网思维在整个物流领域的渗透。物流行业与互联网的结合，促使整个物流市场趋向于多样化，专注于各个垂直领域，进一步提高了物流行业的整体运转效率，同时对相关企业也提出了更高的要求。

5. 移动互联网的发展提升了物流发展的空间

传统物流行业与互联网的结合有诸多优势，能使物流企业突破传统运作模式的限制，提高自身的信息化及智能化水平。与移动互联网结合带来的信息化并不只是停留在平台建设、网站开通或推出App层面，其价值还体现在能够充分发挥移动互联网的优势，提高信息的开放程度，方便企业进行各个环节的管理，提高运营效率，为交易环节提供信誉保证等，通过互联网思维的应用及先进技术的引进推动传统物流产业的升级。

物流行业与移动互联网的结合并非盲随大溜，而是为了增强该行业发展的持续性。物流行业与多个领域之间存在关联，在业态方面的拓展难度要相对低一些。企业可免费提供物流服务，通过其他业态获得利润，实现成本覆盖。如果物流公司能够把握好"互联网+"的机会，强化流程监管、增强用户体验、提高运输效率，肯定会使互联网物流的市场空间得到进一步提升。

任务6.2　移动电子商务物流模式

6.2.1　移动电商共享物流

1. 共享物流的概念和本质

共享物流是指通过共享物流资源、统一标准实现物流资源优化配置，从而提高物流系统效率，减少重复建设，降低物流成本，推动物流系统变革的物流模式。

共享物流的本质是共享物流资源，物流货运资源只是物流资源的冰山一角。现代物流的核心是系统，在复杂的物流系统中，物流资源具有网络化、标准化、信息化特征，可以共享的物流资源有很多，主要有物流信息资源、物流技术与设备资源、仓储设施资源、终端配送资源、物流人力资源等，为推动共享物流发展打下了基础。传统物流系统由于信息不对称、资源不共享、系统不协同，物流体系不能互联互通，带来严重的资源浪费，而推进共享物流可以带来很多颠覆性创新，大幅度减少物流成本。

2. 共享物流创新模式

物流业天然具有共享因子，物流资源共享现象也早已存在。目前互联网+、物联网、大数据、云计算等信息技术变革激活了共享物流创新，是共享物流发展的重点。通过市场调查与总结分析，目前共享物流主要有以下10种经典创新模式。

1) 云仓资源共享模式

云仓资源共享模式指通过建立云仓系统实现仓库设施网络的互联互通，在此基础上面向用户开放云仓资源，实现仓储资源共享的模式，如菜鸟、京东、顺丰等都设置各自的云仓，满足电商需求(见表6-3)。

表6-3　云仓资源共享模式

共享模式	模式定义
菜鸟云仓	菜鸟搭建的数据平台，以大数据为能源，以云计算为引擎，以仓储为节点，编织一张智慧物流仓储设施大网，开放共享给天猫和淘宝平台上各商家
京东云仓	京东物流依托自己庞大的物流网络设施系统和京东电商平台，从供应链中部向前后端延伸，为京东平台商家开放云仓共享服务
顺丰云仓	顺丰利用覆盖全国主要城市的仓储网络，重点面向手机(3C)、运动鞋服行业、食品冷链和家电客户开放共享仓储系统

2) 单元化器具(托盘、周转箱等)循环共用

从产品出厂开始，使用标准单元化器具(托盘、周转箱等)包装产品，在物流公司、批发商、商贸流通企业之间的物流作业中，保持货物与单元器具不分离，上下游企业循环共用单元器具，实现了单元器具的共享，减少了装卸、倒货、搬运，避免了物流作业中货物的磕碰、挤压，大幅度减少了货损，提升了物流作业效率。单元化器具循环共用系统按照系统架构可以分为开放式循环共用和封闭式循环共用。

3) 企业物流设备资源共享模式

物流设备主要有仓储设备和货运装备，如物料搬运设备、输送分拣设备、货架系统、装卸装备、货运车辆等。企业通过分享物流设备资源与其他其企业共用，实现共享。企业共享物流设备的方式主要有借用、租赁、共用、交换等。

4) 末端网点设施资源的共享模式

各快递物流企业以互联网+、智能共享为共识，携手建设最后一公里末端网点共享设施网络，主要有以下代表性的模式(表6-4)。

表6-4　末端网点设施资源共享模式代表

共享模式	模式定义	典型企业
共享收货站点模式	将不同快递企业或电商公司投送的物品集中配送至固定的收货站点，由平台化的站点统一进行物品二次分发	菜鸟驿站、熊猫快收等
智能快递柜共享模式	快递企业配送员通过共享智能快递柜派件，用户可以任意时间收发快件，有助于提升消费者物流服务满意度	丰巢科技、速递易等

5) 物流众包共享模式

物流众包是一种基于互联网平台的开放式配送模式，它借助于成熟的移动网络技术，将原来由专职配送员所做的任务，以自愿、有偿的方式，通过网络外包给非特定的群体，这些人只要有一部智能手机和一辆交通工具，在空闲时间就可以抢单、取货、送货，门槛低、时间自由，还能赚一份兼职收入。

目前以新达达、人人快递、京东众包、闪送、快收、蜂鸟配送等为代表的众包模式受到了快递人员与消费者的欢迎。

6) 共同配送共享模式

共同配送也称共享第三方物流服务，指多个客户联合起来共同由一个第三方物流公司来提供配送服务。共同配送的本质是共享物流配送资源，通过采取多种方式，进行横向联合、集约协调、求同存异以及效益共享，实现物流配送作业的规模化，提高物流资源的利用效率。

7) 运力整合服务共享模式

目前中国公路货运需求都通过外部采购实现公路运力整合，实现了运力整合的共享模式。随着共享物流快速发展，公路货运共享模式向深度共享和智慧共享方向发展，其中效仿"滴滴"模式的公路货运O2O模式是典型的公路运力整合共享模式，此外还有行业信息平台运力整合模式、专线公司联盟整合模式等运力资源共享模式(见表6-5)。

表6-5　运力整合服务共享模式代表

共享模式	模式定义	典型企业
货运O2O整合模式	利用信息平台整合车货双方的需求，而车主和货主使用手机客户端即时进行车货匹配的服务交易	满帮集团、福佑卡车等
行业信息平台运力整合共享模式	利用先进的信息化技术和全新的管理运营模式对公路货运进行整合共享	卡行天下、安能等
联盟整合模式	企业联合起来，组成联盟，共享网络资源和运力资源，谋求共同发展	德坤物流、壹米滴答、全可温控等

8) 物流中心运营服务的共享模式

仓储物流中心共享运营服务模式是物流系统集成商在制造业服务化转型中创新的模式。该模式是物流系统集成商根据市场上众多客户的共同需求，使用自有资金投资，或者通过联合社会投资机构共同投资，建设共享的仓储物流中心，并利用自身技术专长和优势，负责仓储物流中心的管理运营，向电商企业、第三方物流企业、快递企业、批发零售企等众多客户开放共享运营服务，并按照物流中心实际作业流量和货物周转作业量收取运营管理费用。这类共享的仓储物流中心一般都实现了自动化仓储和自动分拣，物流技术水平和运营管理水平较高。目前南京音飞储存、山东兰剑物流均在开展相关的共享物流模式创新。

9) 物流工作项目共享服务模式

一方面，随着现代物流技术发展，物流工程项目建设越来越复杂，涉及的环节越来越多，物流工程设备作为特殊装备门类繁多，从硬件到软件至少有几千种不同的产品或系统。物流系统要实现各单元设备的协调与控制，完成货物的接收、入库、储存、拣选、包装、分类、集货和发运等一系列操作，涉及各种软硬件设备和系统的综合应用，个性化、定制化极强，这决定了其在设计、建设、安装过程中都需要十分专业化的工程安装等服务。

另一方面，随着物流系统日趋复杂，自动化、信息化、智能化水平的不断提高，维护物流系统稳定需要具备更加专业的能力。很多物流技术装备用户往往不具备上述能力，只能选择将设备与系统维护工作外包，如物流工程安装共享模式、物流工程项目维护保障及升级改造共享模式等。

10) 物流设施设备跨界共享模式

"互联网+"行动计划推动互联网成为基础设施，不仅仅把各类物流资源链接起来，也把过去的客运资源、门店资源等非物流资源链接起来，直接推动了物流设施设备跨界共享模式(见表6-6)。

表6-6　物流设施设备跨界共享模式代表

共享模式	模式定义
共享客运汽车资源模式	通过与专线的客运企业合作，在部分客运线路中利用客运汽车的行李包裹箱的闲置资源，让包裹和配送货物坐上客车，到达目的地再派专人收取
共享高铁货运资源模式	快递公司与高铁客运线路合作，利用闲置的客运资源为快递公司提供快运服务

6.2.2　移动电商物流App

随着信息技术的发展，互联网应用正在向移动互联网应用方向延伸。据统计，我国移动互联网用户数量已超过8亿，网民渗透率过半，而各类行业应用App也纷纷抢占移动互联领域，物流行业应用App也应运而生。随着智能手机的普及，物流从业者获取信息的能力大大提升，可随时随地获取信息。相比以往，移动应用彻底颠覆了传统的商业模式，让物流供需双方突破时空限制，轻松对接，这无疑大大提升了物流行业的运营效率。移动物流将是未来物流的重点领域，抢占先机者必定大有所获。

1. 物流App形成要素

(1) 客户端适用于Android、iOS系统：客户登录→位置上报→下单系统→评价系统。

(2) 接单系统：接单员登录→接单→完成配送向客户回馈配送信息。

(3) 安全保障：证照审验→保险系统→货损货差赔付→运价计算系统。

(4) 管理系统(后台操作)：订单管理系统→配送员管理→用户管理→系统接口。

从这些要素就可以看出，物流App的功能很全，而且针对需求有不同平台系统。更重要的是，你也不用因为网上交易的虚拟性而怀疑物流信息，这可都是有保障的。简单来说，就是用户用着安心，相关企业也会放心。例如，顺丰速运移动客户端是顺丰速运基于Android操作系统开发的个人快件管理软件，向客户提供自助下单、查件、订单管理、服务点查询、运费查询等一站式掌上便捷快件服务(见图6-3)。

图6-3　顺丰速运App界面

2. 物流行业App开发主要涉及的功能

(1) 单据录入功能：随时随地录入物流单据，保证及时性。

(2) 单据查询功能：查询单据处理情况，查看最新的数据信息。

(3) 单据管理功能：分别按天、按周、按月统计订单数量，为管理层决策提供数据上面的支持。

(4) 统计分析功能：分析订单状态、数量变换趋势，风险预测等。

(5) 客户管理功能：管理目标和潜在客户，客户地区分布、客户发货频率分析，以便快速联系和业务扩展。

(6) 汇率管理功能：查询当天即时汇率，精确度汇率换算。

(7) 单位换算功能：对物流行业常碰到的体积、重量、长度等通用单位准确换算，节省大量的人工成本。

3. 物流App特点

(1) 可根据客户生命周期分类管理客户资源，为物流企业制定相应的销售管理策略、技术准备等提供支持，充分分析新客户带来的销售机会和老客户的潜力，促进利润的增长。

(2) 能有效协调企业内部资源，改善销售及客户资源的监控。

(3) 能提供强大的数据分析能力和大量最适用的模型参考，可以分别对客户的特征、购买行为、价格、成本、收益等因素进行分析，为企业高层提供有效的决策依据和支持。

物流行业App的出现有效衔接了企业现有物流平台和无纸化办公，减少了企业物流平台操作人员工作量，减少了信息录入出错的可能性，这不仅提高了企业的工作效率，也为企业迅速决策提供了崭新的商业模式。

任务6.3　智慧物流与发展趋势

6.3.1　智慧物流概念与特点

近年来，技术与物流融合的智慧物流加快起步。智慧物流是以物联网和大数据为依托，通过协同共享创新模式和人工智能先进技术，重塑产业分工，再造产业结构，转变产业发展方式的新生态。陆续出台的相关政策也支持和引导了"互联网+"物流的发展，推动了物流业降本增效和转型升级发展。

1. 智慧物流概念

智慧物流，指的是基于物联网技术应用，实现互联网向物理世界延伸，互联网与物流实体网络融合创新，实现物流系统的状态感知、实时分析、科学决策与精准执行，进一步达到自主决策和学习提升，拥有一定智慧能力的现代物流体系。相对智能物流而言，智慧物流多了一项自主决策和学习提升的能力。

2. 智慧物流特点

随着物流与互联网等技术的深化融合，特别是移动互联网技术、云技术、人工智能技术的发展，智慧物流出现一些新特点。

(1) "互联网+"物流蓬勃发展。智慧物流的核心是"协同共享"。近年来,一批"互联网+"物流的互联网平台涌现,打破了传统企业边界,深化了企业分工协作,实现了存量资源的社会化转变和闲置资源的最大化利用,是智慧物流的典型代表。如新冠肺炎疫情期间,满帮集团充分发挥网络货运平台的应急调度指挥能力,迅速响应,组织运力,支援湖北物资运输,同时提供全国货运大数据,支撑政府决策等。这些都彰显了创新型互联网物流平台企业的社会价值。

(2) 物联网技术在物流领域广泛推广。随着移动互联网的快速发展,物流技术呈现快速增长态势,我国已有超过500万辆载重货车安装北斗定位装置,大量物流设施通过传感器接入互联网,以信息互联、设施互联带动物流互联,"物流在线化"成为可能,它是智慧物流的前提条件。

(3) 大数据驱动智慧物流决策。物流在线化产生大量业务数据,使得物流大数据从理念变为现实。数据驱动的商业模式推动产业智能化变革,将大幅度提高生产效率。对物流大数据处理与分析,挖掘对企业运营管理有价值的信息,科学合理地进行管理决策,是物流企业的普遍需求。"业务数据化"正成为智慧物流的重要基础。

(4) 云技术强化保障物流云服务。物流在线化和业务数据化为云计算提供了可能。依托物流云平台,为客户企业提供安全稳定的物流基础信息服务和标准统一的应用组件服务,强化客户与企业间的数据连接,高效地整合、管理和调度数据资源,推动物流行业向智慧化、生态化转变,是智慧物流的核心需求。

(5) 人工智能应用前景广泛。人工智能为物流技术创新提供了新的空间。通过赋能物流各环节,人工智能实现智能配置物流资源、优化物流环节、减少资源浪费,将大幅提升物流运作效率。特别是将人工智能技术应用在无人驾驶、无人仓储、无人配送、物流机器人等前沿领域,一批领先企业已经开始开展试验和商业应用。

6.3.2 物流云

智慧物流的基本表现为物流云。现阶段,我国物流服务在经济发展中发挥着重要的作用,为跨区域经济合作提供了重要保障。但是在经济发展新形势下,传统物流服务模式存在诸多弊端,创建一种新型的物流服务模式势在必行。受云计算、物联网和云制造等技术影响,物流云服务日渐盛行,其作为一种面向供应链的物流服务新模式,为物流跨时空发展提供重要的技术支持。

1. 物流云概念

物流云服务是一种在网络技术支持下,通过物流云服务平台整合物流资源和客户资源,并按照客户需求智能管理和调配物流资源,为客户定制和提供安全、高效、优质廉价、灵活可变的个性化物流服务的新型物流服务模式。物流云服务模式融合现有的物流网络、服务技术、云计算、云安全、物联网、RFID 等技术,实现各类物流资源(包括运输工具、运输线路、仓储资源、信息资源、软件、知识等)和客户资源共享，为物流服务系统全生命周期过程提供可随时获取、按需使用的个性化物流服务。某款物流云手机版App如图6-4所示。

图6-4　某款物流云手机版App

2. 物流云服务的创新性

(1) 为客户提供个性化、专业化、便捷的物流服务，提升客户服务价值。物流云服务平台根据客户的自身特点、独特需求和历史交易数据(如物流运输过程中对某条运输线路的偏好)，为客户提供最适合的服务内容和服务方式，同时能够根据客户的需求变化快速调整服务方案。这种服务对用户是透明的，提升了客户对服务的使用价值、享用价值和规模价值；对服务提供商而言，物流云服务平台将充分考虑其提供物流服务的个性化、便捷性和规模化。

(2) 整合物流服务提供商和客户各类资源形成物流云。物流云服务平台将物流服务提供商提供的大量分散物流资源进行整合并虚拟成各种物流云，根据客户需求在平台上进行统一、集中的管理和调配，按客户所需，为多个客户提供不同的物流服务，展现出多对多的物流服务模式。

(3) 面向物流服务全生命周期的QoS 全程监控与管理。物流云服务更加注重QoS管理，物流云服务系统建立物流服务的质量体系，定义QoS指标体系及评价方法，加强事前的主动定义和服务的参数设计，通过GPS、GIS、RFID等技术实时监控物流服务的执行情况，在生命周期内跟踪评价QoS，反馈实时数据并进行质量优化，同时将以上数据作为服务双方历史信用的记录。

3. 物流云服务模式的业务架构

从业务的角度，物流云服务模式的业务架构(见图6-5)主要分三部分：物流云服务需求端(logistics cloud service demander，LCSD)、物流云服务提供商(logistics cloud service provider，LCSP)、云服务平台 (cloud service platform，CSP)。LCSD 是指物流云服务使用者，这里指的是整个供应链或供应链上个别成员；LCSP 指的是提供物流服务资源的运输车队、货代公司等，它主要向云服务平台提供各种异构的物流资源和物流服务；CSP 充当两者之间的桥梁和枢纽，负责建立健全供需服务链。LCSD 通过 CSP 提出个性化服务需求，CSP 对 LCSP提供的物流云进行整合、检索和匹配，建立起适合客户的个性化服务解决方案并进行物流云调度，同时在服务过程中对服务质量进行管理和监控，为双方提供不断优化的服务，提升服务价值。

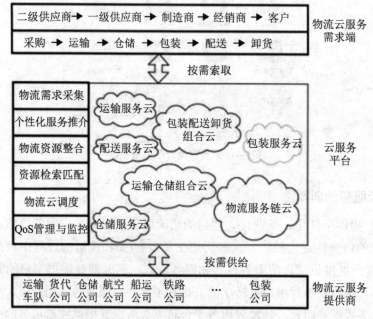

图6-5　物流云服务模式的业务架构

6.3.3　智慧物流的发展挑战

虽然我国智慧物流的发展在一些领域(见图6-6)取得了积极的成效，但仍然存在行业发展标准制定进程缓慢、相关基础设施建设落后、末端智能服务水平不高、专业人才极度缺乏等问题。

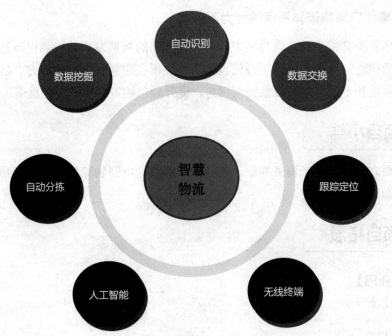

图6-6　智慧物流发展领域

1. 智慧物流系统不成熟

智慧物流系统不仅需要对参与其中的物流软件、全球定位系统、物品条形编码实行标准化管理，还要对数据交换、数据文件格式及信息接口等统一要求，以实现快捷准确的数据传输。但当下行业发展标准制定进程缓慢，存在智慧技术系统标准难统一等问题。由于缺乏成熟的物流运营系统管理软件标准，企业便难以在相同的管理平台上研发，造成信息互联互通效率不高。

2. 信息化建设及信息平台协调共享漏洞仍普遍存在

物流企业相关软硬件等基础设施水平参差不齐，导致信息共享的效率不高，因此需要配套的软硬件设施共同改进。行业监管部门建设的平台存在重建设、轻服务现象，在协调共享与综合发展服务能力等方面有待提升。

3. 末端智能服务水平亟待完善提升

目前，末端智能服务尚未形成常态化，协同能力较差，"最后一公里"还十分依赖人工，收发货环节的智能服务水平也比较低。

4. 智慧物流专业人才缺乏

与传统物流相比，智慧物流对专业人才的要求更高，需要更多的大数据、云计算、物联网等相关新技术方面的专业人才。此外，高校、职业技术学院等培养的物流人才，在知识结构和运用能力上都与社会需求存在脱节现象。

5. 突发事件应急物流体系保障能力不够

随着全球各类突发事件、自然灾害和大规模疫病的频繁发生，应急保障已成为各国政府高度重视的问题。此次新冠肺炎疫情也暴露出我国在应急物流保障能力、防控措施和手段等方面的短板和不足。发挥智慧物流优势，提升应急物流保障能力任重道远。

 项目小结

本章主要介绍移动电子商务物流，使学生了解移动电商物流模式及智慧物流，加强对电商与物流知识的理解程度。

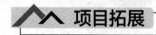 项目拓展

【岗位介绍】
岗位：物流专员

1. 岗位职责

(1) 联系运营部门和船公司，负责出口订单的订舱、跟踪和落实。

(2) 负责填写委托书及单子后续的单证操作工作，并更新业务数据。

(3) 根据货物出运情况与客户及时沟通，灵活处理各种突发事件。

(4) 熟悉货代/国际物流行业流程，有1年以上海运操作客服经验者优先。

2. 任职要求

(1) 大专及以上学历，懂计算机操作，能熟练运用办公软件。

(2) 有良好的沟通协调能力，做事认真负责，有团队合作精神。

(3) 人品端正，诚实，责任心强，具有较强的服务意识和团队精神。

(4) 了解国际物流基本流程，有1年以上外贸或物流公司单证操作经验者优先。

3. 基本要求

(1) 熟练操作office，工作认真细心，沟通力、执行力强。

(2) 年龄20～35周岁。

【实训操练】

1. 实训目标

(1) 培养学生实际动手能力。

(2) 提高学生学习物流知识的热情。

2. 实训环境

实训室或者多媒体教室。

3. 实训背景

长风学霸拉力赛是由全国交通运输职业教育教学指导委员会主办，全国交通运输产教融合服务平台承办，北京络捷斯特科技发展股份有限公司、上海景格科技股份有限公司协办，长风网提供技术支持的竞赛。该竞赛共涉及二手车鉴定评估、新能源汽车高压安全与防护、数据可视化分析、智慧仓规划与设计、供应链网络设计与优化、仓配操作管理6个岗位方向赛项。参赛选手可根据自己的专业与兴趣选择合适赛项报名，每个人最多可以报两个赛项。第三届"长风学霸拉力赛"将按 6 个岗位方向，为学生提供职业素养与社会关键技能、岗位核心专业技能两部分的在线学习课程。

4. 实训指导

"长风学霸拉力赛"评比流程如图6-7所示。

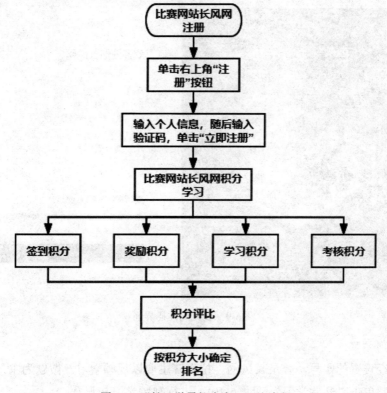

图6-7 "长风学霸拉力赛"评比流程

1) 长风网注册

打开浏览器输入"http://contest.cfnet.org.cn/index/rally2021.detail/style.html"，登录长风网(见图6-8)。

图6-8　长风网官方网站

　　为了获得更好体验，建议使用谷歌浏览器。单击右上角"注册"按钮，以手机号注册为例，输入手机号，站内昵称、密码，获取验证码，随后输入验证码，单击"立即注册"，如图6-9所示。

图6-9　长风网注册界面

2) 长风网学习

　　根据已经设置的账号，登录长风网。拉力赛主要以视频学习及做题为主，选择自己感兴趣的视频，单击"开始学习"(见图6-10)，进行视频学习与观看。

图6-10 视频学习界面

完成学习后，进行对应栏目的"知识测评"(见图6-11)。

图6-11 知识测评界面

3) 评分评比

完成所有课时的视频和知识测评等内容(见图6-12)，进行积分累积，汇总为总评成绩，进行学习评比。

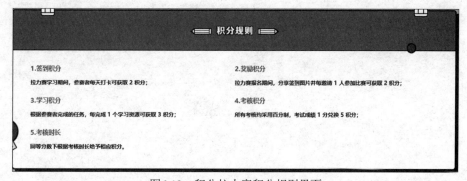

图6-12 积分拉力赛积分规则界面

5. 实训要求

根据实训指导，进行"智慧仓规划与设计"课时模拟。

(1) 以小组为单位完成学习与知识测评，进行积分累积。

(2) 以1周为实训期限，并以小组为单位，最终进行评比。

【知识巩固与提升】

项目6　习题

移动电子商务
数据分析与挖掘

项目描述

通过对本项目的学习，学生能够了解移动电子商务环境下的数据特性，了解移动电子商务数据分析及挖掘的主要内容及其数据源，掌握移动电子商务数据分析与挖掘技术，并能够在实际的移动电子商务环境中运用数据分析与挖掘技术解决问题。

项目目标

【知识目标】

(1) 了解移动电子商务环境下的数据特性。

(2) 熟悉移动电子商务数据分析的内容及方法。

(3) 熟悉移动电子商务数据挖掘的内容及方法。

(4) 了解数据分析与挖掘技术在移动电子商务中的应用。

【技能目标】

(1) 能够使用数据分析和数据挖掘技术，对移动电子商务数据进行有效应用。

(2) 能够熟练运用百度指数分析平台。

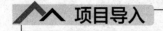 项目导入

【思维导图】

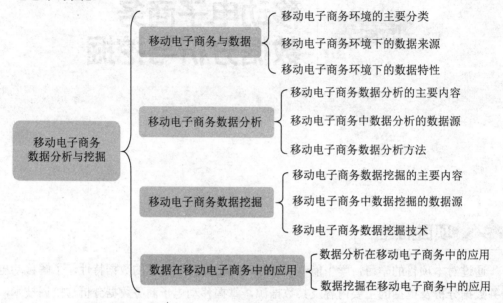

【案例导入】

∞ 亚马逊App数据分析 ∽

一名消费者发现购物App会适当推送已购买或浏览商品的相关消息，该消费者感觉很神奇。其实，当今是一个信息快速发展的时代，数据分析在商业发展中占据重要地位，消费者会适当收到与其购物行为相关的商品推送不足为奇。亚马逊具有的数据挖掘能力在全球领先。作为一家"信息公司"，在符合法律相关规定及行业规范的前提下，亚马逊从每个用户的购买行为中获得信息，记录用户在其网站及App移动端的行为，包括页面停留时间、用户是否查看评论、每个搜索的关键词、浏览的商品等。这种对数据价值的高度敏感和重视，以及强大的数据挖掘和分析能力，使得亚马逊可以准确地掌握顾客的喜好，精准地推荐合适的商品。特别是在通过历史数据预测用户未来需求方面，对于书籍、手机、家电这类产品的推送预测是相当准确的，甚至可以预测到客户对相关产品属性的需求。

思考与讨论：

(1) 亚马逊网站数据和App数据有何不同？

(2) 如何获取和分析亚马逊App数据，亚马逊App的数据有何价值？

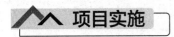

任务7.1 移动电子商务与数据

数据源(data source)，顾名思义，数据的来源，是提供某种所需要数据的器件或原始媒体。在数据源中存储了所有建立数据库连接的信息。

在移动电子商务中，可以用来作为数据挖掘分析的数据量比较大，而且类型众多，客户在互联网上漫游时，只要浏览了某个移动电子商务客户端，就会在这个客户端的服务器日志文件上留下记录。对客户IP进行分析，可以得到单个客户的消费习惯，挖掘出他们潜在的消费趋向，从而针对不同的客户群体或个体制定对应的服务方式。同时，对这些数据的分析也可为商家调整网站的拓扑结构，优化网站资源的配置提供依据。

1. 移动电子商务环境的主要分类

移动电子商务环境的共同点是通过线上线下渠道获得用户，通过提供良好的用户体验和服务来留住用户，并通过收集用户的行为来精细化运营业务。通常的移动商务环境主要分成如下几类。

(1) 跨境电子商务，如亚马逊、eBay等。

(2) 旅游电子商务，如去哪网、携程等。

(3) O2O生活服务，如美团、京东到家等。

(4) 互联网金融，如京东金融、平安证券等。

(5) 大宗交易电子商务，如人人车等。

2. 移动电子商务环境下的数据来源

(1) 内部数据。内部数据包括移动终端网站行为数据、交易数据、呼叫中心数据、客服聊天数据、会员信息数据等。

(2) 外部数据。外部数据包括数字营销数据、调研数据、公开数据、购买的数据、搜索引擎数据、网络爬虫数据、平面媒体和OCR数据等。

3. 移动电子商务环境下的数据特性

随着社交媒体的兴起，云计算、人工智能等新兴技术的发展，移动电商行业面临着海量数据带来的巨大挑战。相比传统数据，移动电子商务环境下的数据具有自身的特性。

传统数据的数据源是单一的；数据呈现非碎片化；核心节点以物为中心；数据量较小；数据类型单一，以结构化数据为主；数据存储在关系数据库和并行数据库。

而移动电子商务环境下数据的数据源是广泛的；数据呈现碎片化；核心节点以人为中心；数据量是巨大的；数据类型丰富，包括结构化数据、半结构化数据、非结构化数据；数据存储在分布式数据库。

任务7.2　移动电子商务数据分析

数据分析是移动电子商务重要的组成部分，同时也为产品决策提供重要参考。针对移动产品，数据分析就是利用相关分析方法与技术手段，在手机用户大量的交易数据中总结产品流量和顾客转化率之间的规律和特点，分析消费者的消费特点。具体做法是，通过网络和交易信息提取客户、市场、产品环节的数据，然后建立相关模型，在更加动态化的商业环境下，更有效地优化产品及商业模式。

7.2.1　移动电子商务数据分析的主要内容

移动电子商务的数据分析主要分为宏观数据分析、微观数据分析、执行结果分析。

1. 宏观数据分析

宏观数据分析包括行业现状(市场供需情况、产业竞争格局、政策法规、市场规模等)分析、行业趋势(行业发展概况、未来发展趋势等)分析、客户属性(客户基本信息、客户偏好、客户满意度等)分析。

2. 微观数据分析

微观数据分析包括企业自身状况(财务、周转率等)分析、客户分析(潜在客户分析、客户关系管理分析等)、竞争对手(销售规模、市场规模、渠道、品牌等方面)分析。

3. 执行结果分析

执行结果分析是对移动网站自身数据(销售额变化、流量变化、热门搜索变化、访客变化等)的分析。

下面结合某移动客户端年底新用户成本质量分析，帮助读者更好地体验数据分析在移动电子商务中所起的作用。表7-1为某移动客户端年底新用户成本表。

表7-1　某客户端年底新用户成本表

维度	普通用户	团购用户
新用户数/人	12 600	3000
市场费用/元	504 000	50 000
新客获得成本/元	40	16.7
客单价/元	120	100
毛利率	30%	10%
新客收回成本购买次数	1.11	1.67
3个月重复购买率	30%	15%

该移动客户端某年底正常运营12 600名新用户，市场费用约为50万，则每一个新用户获得成本为40元，在首次购买中每个用户贡献36元的毛利，而平均每个新用户需购买1.11次，该网站才能收回成本，经计算，这批用户在未来3个月内产生重复购买的比例为30%，即这批用户在未来三个月，平均每人还能贡献10.8元(客单价120×毛利率30%×复购率30%=10.8元)的毛利，加上首次购买的毛利，足以覆盖新客获得成本。

同期，该移动客户端进行了一个团购活动，对商品进行了较大程度的让利，以较低的市场费用获得了3000名新用户，新客获得成本为16.7元，但每个用户的毛利率仅为10%。另外，由于这批团购用户对价格较为敏感，在后来3个月的运营过程中，产生重复购买的比例为15%，即这批用户在未来三个月平均每人还能贡献1.5元(客单价100×毛利率10%×复购率15%=1.5元)的毛利，加上首次购买每人贡献的10元毛利，仍不足以覆盖16.7元的新客获得成本。

当然，实际的分析情况可能较上述分析更为复杂，因为不同活动内容、不同时间周期，数据千变万化。这里希望通过案例中"用户成本质量"的分析方法，帮助移动电子商务网站或客户端解读用户的价值，从而更好地进行经营决策。

7.2.2 移动电子商务中数据分析的数据源

电子商务相对于传统零售业来说，最大的特点就是一切都可以通过数据化来监控和改进。通过数据，我们可以知道用户从哪里来、如何组织产品可以实现理想的转化率、投放广告的效率如何等。电子商务的数据可分为两类：前端行为数据和后端商业数据。前端行为数据指访问量、浏览量、点击流及站内搜索等反映用户行为的数据；而后端数据侧重反映商业数据，比如交易量、投资回报率，以及全生命周期管理等方面的数据。在移动电子商务中，移动端数据分析对于开发者或运营者都是十分重要的环节，以下将重点介绍较常见的数据分析的数据源：用户来源、用户属性、转化率及用户忠诚度。

1. 用户来源

用户来源的类型及特征如表7-2所示。

表7-2 用户来源

类型	(1) Android 渠道追踪方法。国内 Android 市场被数十家应用商店所割据，Android 渠道追踪主要围绕其中几种渠道展开。具体来说就是开发者为每一个渠道生成一个渠道安装包，不同渠道包用不同的渠道 ID 来标识。当用户下载了移动端App之后，运营人员就可以通过渠道标识查看各渠道的数据 (2) iOS 渠道追踪方法。不同于 Android 的开放生态，iOS 是一个完全封闭的系统。在苹果的唯一性原则以及严格的审核制度下，Android 打包的做法在此则无法生效，可以通过 Cookie 追踪渠道更为高效地追踪数据
特征	对于移动产品平台来说，获取用户的渠道很多，如 CPA 广告、交叉推广、限时免费等。开发者从多个维度的数据来对比不同渠道的效果，比如从活跃用户、次日留存率、使用频率、使用时长等角度对比不同来源的用户。通过渠道对比，开发者可以高效地找到最适合产品发展的渠道，以便不断完善推广策略

2. 用户属性

用户属性的类型及特征如表7-3所示。

表7-3　用户属性

类型	(1) 同期群分析。基于同期群的核心数据及行为的对比分群方式，按用户的新增时间将用户分群，得到的每个群就叫同期群 (2) 获取成本分析，是指获取到一个真实的新用户所付出的平均成本的分析。在进行获取成本分析时，也要注意用户回报弥补获取成本的速度，尝试从不同渠道进行，并跟踪用户的行为 (3) 用户终生价值分析，是指用户平均会在平台、产品上贡献多少价值。最大化用户营收的方法就是根据用户频度制定不同的定价方案，针对高频用户采用广告、精品内容收费模式，对于低频用户则采用单次收费模式
特征	在吸引用户下载使用之后，产品运营及开放方要尽可能地详细了解用户的设备型号、网络及运营商、地域、用户性别等宏观层面的用户特征。这些特征数据可在产品改进、应用推广和运营策略的制定上提供有力的方向性依据

3. 转化率

转化率的类型及特征如表7-4所示。

表7-4　转化率

类型	(1) 浏览产品人数与客户端访问人数(shoppers/visitors)的比值。主要影响因素包括流量构成和客户端设计。好的流量构成、好的客户端优化设计可以提高这个值 (2) 进入购买流程人数与浏览产品人数(buyers/shoppers)的比值。主要影响因素是产品的吸引力和产品的展示方式。也就是说，要有好的产品、好的客户端设计(让产品有一个更好的展示方式)，让客户更容易把产品加入购物车 (3) 订单数与进入购买流程人数(orders/buyers)的比值。主要影响因素是客户端购买流程的易用性
特征	对移动电子商务来说，产品转化率至关重要，直接关系到开发者的产品收入。如一款移动电子游戏应用，开发者可从道具购买量、关卡和付费人群等多个维度进行交叉分析，从而查看用户付费行为动机和特征，也可以通过漏斗模型进一步分析关键节点的转化率，提高付费转化，提高交易量，增加收入

4. 用户忠诚度

用户忠诚度的类型及特征如表7-5所示。

表7-5 用户忠诚度

类型	(1) 冲动型忠诚。冲动型忠诚是基于意向的忠诚，也就是说人们倾向于购买。冲动型忠诚的客户决策过程比较简单，非常容易受外在的因素影响，尤其是与价格相关的促销 (2) 情感型忠诚。情感型忠诚是基于偏好的忠诚，客户是因为喜欢而去购买。情感型忠诚的客户决策主要取决于客户对于企业或企业的产品的态度 (3) 认知型忠诚。认知型忠诚是基于信息的忠诚。认知型忠诚是理性的忠诚，这类人对商品的功能特征、性价比等具体信息比较了解，进而产生购买行为 (4) 行为型忠诚。行为型忠诚是基于行动的忠诚，客户已经形成了一种购买惯性。客户为了购买这样的产品往往需要付出努力，或是克服一定的障碍。行为型忠诚的客户在一定程度上已经形成了购买企业产品的习惯
特征	了解用户在产品应用内行为，确保用户喜欢该产品，是移动产品优化的根本。开发者可以从留存用户、使用时长、使用频率、访问深度等维度评价用户黏性，以及用RFM(recency，frequency，monetary)来评估用户系数

7.2.3 移动电子商务数据分析方法

根据对数据的不同需求，企业可以采用不同的方法对移动电子商务数据进行分析，并以相关分析信息为基础，优化运营策略。以下重点介绍较常见的数据分析方法。

1. 直接观察法

直接观察法是最基本的移动电子商务数据分析方法。所谓直接观察法，就是利用移动商务平台内的数据分析工具和第三方数据分析平台的数据分析功能，通过绘制的图表等形式，展示出相关数据的变化、对比情况及发展趋势，找出异常数据，对用户进行画像分析的方法。借助于强大的数据分析工具，企业可以有效提升数据处理和分析的效率。

例如，当我们需要分析某客户端一个按照点击付费的广告的效果，那么我们可以借助后端系统对广告展现量、点击率、点击量、点击单价、引导成交金额、投资回报率等关键指标进行分析，找出该举措的优势和劣势，提出可操作的改进措施。

2. AB测试法

AB测试法通常是设计两个或多个方案，其中A方案一般为当前方案，B方案为其他方案或设想方案，通过测试，比较这些方案带来的不同效果，进而选择出最佳方案。

例如，设计两个创意广告，通过相同平台的投放效果的不同来选择使用哪一个广告设计；或者设计两套主图和商品详情页，通过比较最终的成交转化率来确定使用哪一套主图和商品详情页。

3. 对比分析法

数据分析的结果是企业经营现状的体现，越是精准的数据，越能反映当前情况下的业务发展情况。在进行数据分析时，单一的数据分析只能体现单一变量的情况，如某一天的流量、销量，如果将某段时间内不同时期的流量、销量进行对比，就可以得到更多的信息，如流量提高或降低、销量增加或减少等。将某个确定的因素作为比较的条件，对其他的数据进行对比分析，可以得到企业经营过程中的各种数据变化，从而更好地发现并解决问题。

例如，某店铺第四季度的产品销售额对比，11月份的销售额最高，12月份的销售额最低。那么就要对销售额增加与减少的原因进行分析，是因为"双十一"活动导致11月的销售额激增，还是市场行情、引流、竞争对手导致12月的销售额降低？降低的幅度是否正常？分析出原因再有针对性地进行解决。

4. 拆分分析法

拆分分析法是将一个大的问题进行拆分，将其细分为一个一个的小问题，对小问题进行分析，进而快速找到产生问题的原因。

例如，商品销售额主要由流量和转化率来决定，因此，如果发现网店的销售额降低，可将销售额分为流量和转化率两个方面，再分别对每一个方面进行细分。

5. 漏斗分析法

漏斗分析法是指对运营各个环节的流程进行对比分析。漏斗分析法能够直观地发现并说明问题。

例如，分析广告的引流效果，可以通过广告点击漏斗，从广告展现量、广告点击量、入站次数、跳失率来分别解读引流目标在各阶段的流失情况，帮助我们判断广告在哪个阶段具有较大的优化空间，从而提高广告的引流效果。

任务7.3 移动电子商务数据挖掘

数据挖掘是通过自动化或半自动化的工具，挖掘出数据内部隐含的模式，并从中发掘信息或知识，同时从已有的数据中提取模式，提高已有数据的内在价值，并且把数据提炼，转化成为知识。在移动电子商务中，针对大量繁杂的客户消费及使用数据，需要应用多种数据挖掘技术来分析客户特征、获取用户关注点、培养用户忠诚度，并在此基础上制订有效的营销计划来吸引优质用户。

7.3.1 移动电子商务数据挖掘的主要内容

数据挖掘是一种通过数理模式来分析企业内存储的大量资料，找出不同细分市场，分析出消费者喜好和行为的方法。数据挖掘主要有数据准备、规律寻找和规律表示三个步骤。数据挖掘将算法应用到某一数据集，然后分析该数据集的内容，进而挖掘出有价值的知识。数据挖掘可以应用在推荐信息的生成、异常检测、客户流失分析、客户细分、广告定位、预测等商业领域中。比如在零售业务的数据分析过程中，可以通过人、货、场的路径，通过RFM(recency，frequency，monetary)模型、会员生命周期、购买留存、周分析、促销跟踪、时间序列分析等多种手段和模型，进行不同维度的分析，而分析路径则是以数据感知为依托，在营销过程中不断积累数据，进而深度挖掘数据。

例如，啤酒和尿布是顾客群完全不同的商品，但是沃尔玛通过一年内数据挖掘的结果显示，在居民区中尿布卖得好的店面啤酒也卖得很好。原因其实很简单，一般太太让先生下楼买尿布的时候，先生们一般都会犒劳自己两听啤酒。因此啤酒和尿布一起购买的机会是最多的。这是一个现代商场智能化信息分析系统发现的秘密，是商业领域数据挖掘的经典案例。

7.3.2　移动电子商务中数据挖掘的数据源

在移动电子商务中，用来作为数据挖掘的数据量比较大，而且类型众多，数据挖掘的数据源通常有以下几种类型。

1. 服务器日志数据

客户访问移动端时会在后台服务器上留下相应的日志数据，这些日志数据通常以文本文件的形式存储在服务器上，一般包括 server logs(服务器日志)、error logs(存储请求失败数据)、cookies logs(类似于购物车状态信息)等。

2. 查询数据

查询数据是指客户在电子商务站点上搜索信息时，在服务器上生成的一种搜索信息数据。例如，客户在线查询某些产品或某些商务活动信息时，就会在服务器的访问日志上存储这些查询信息。

3. 在线市场数据

这类数据主要是传统关系数据库里存储的有关电子商务站点信息、用户购买信息、商品信息等数据。

4. 移动客户端数据

移动客户端数据主要是指移动客户端的内容，包括文本、图片、语音、图像等。

5. 移动客户端超级链接关系

移动客户端超级链接关系主要是指移动客户端中的页面之间存在的超级链接关系，这也是一种重要的资源。

6. 客户登记信息

客户登记信息是指客户通过移动客户端中的页面输入的、要提交给服务器的相关用户信息。这些信息通常是关于用户的人口特征。在数据挖掘中，将客户登记信息与访问日志集成，可以提高数据挖掘的准确度，能够更准确地了解客户。

7.3.3 移动电子商务数据挖掘技术

移动客户数据在实际挖掘(见图7-1)过程中，会涉及有关技术。例如，结合移动海量客户数据，通过企业数据得出客户购买服务数据，进而预测基本价值、潜在价值、传递价值，得出客户价值模型；通过通信数据关联出客户上网行为数据，对该数据进行聚类分析，找出数据样本拥有相似性的社会群体，进而得出客户行为模型；通过客户价值模型和客户行为模型展开并行分类，总结出不同的移动客户群，便于维护和差异化业务推广。当前，大规模的移动商务数据挖掘的主流技术主要包括分类、聚类、关联规则、预测、偏差检测等。

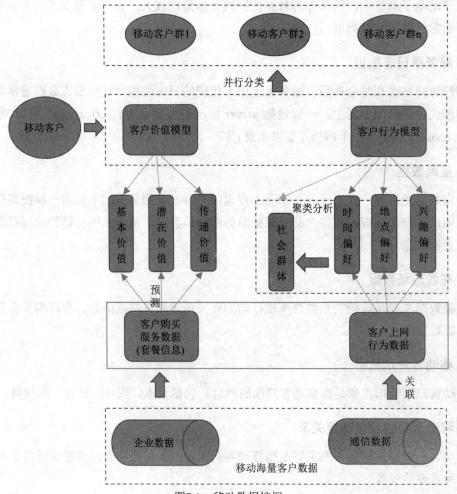

图7-1　移动数据挖掘

1. 分类

分类主要是按照所要分析对象的属性、特征，建立不同的组来描述事物。其目的是通过分类模型，将数据库中的数据项映射到某个给定的类别中，预测分析对象的类标号。因此，它可以应用到客户的分类、客户的属性和特征分析、客户赢利能力分析、客户满意度分析、客户的购买趋势预测等。如银行部门可以根据之前积累的数据将客户分成不同的类别，从而区分新老申请贷款的客户，并采取相应的贷款方案。

2. 聚类

聚类主要是用来识别、分析出事物内在的规则，按照这些规则可以把对象分成若干类。其目的是使属于同一类别的数据的相似性尽可能大，不同类别中的数据间的相似性尽可能小。因此，它可以应用到客户样体的分类、客户背景分析、客户效益分类分析和预测、市场的细分及客户的细分等。与分类的不同之处在于，分类事先确定了某一标准，而聚类事先没有确定某一分类标准，是找出数据样本中的相似性。

3. 关联规则

关联规则主要是指某种事物发生时与其他事物所发生的某种联系。购物篮分析是典型的基于关联规则的实战案例，它主要用于了解顾客的购买习惯和偏好，有助于决定市场商品的摆放和产品的捆绑销售策略。例如每天购买啤酒的人购买香烟的比重有多大，可以通过关联的支持度和置信度来描述。再如在客户关系管理中，通过对企业的客户数据库里的大量数据进行挖掘，可以从大量的记录中发现有趣的关联关系，找出影响市场营销效果的关键因素，从而为产品定位与定价，客户寻求、细分与保持，市场营销，风险评估以及预测等决策支持提供参考依据。

4. 预测

分类通常用来预测分析对象的类标号。然而，在某些实际应用中，人们可能希望预测某些遗漏或不知道的数据值，而不是类标号。预测技术便可分析出数据对象的连续取值，如可以构造一个分类模型来对银行贷款进行风险评估，也可建立一个预测模型对顾客收入与职业这两个变量进行预测，从而预测出其可能用于购买计算机设备的支出大小。因此，通过预测技术，企业可以把握和分析事物对象发展的规律，对未来的趋势做出预见。

5. 偏差检测

偏差检测主要是对偏差数据进行检测与分析。在处理的海量数据中，常常存在一些异常(异构)数据，它们与其他数据在一般行为或模型上存在不一致。这些偏差包括很多潜在的信息，如不满足常规类的异常例子、分类中出现的反常实例、在不同时刻发生了显著变化的某个对象或集合、观察值与模型推测出的期望值之间有显著差异的事例等。偏差的产生可能是某种数据错误造成的，也可能是数据变异的结果。因此，从数据库中检测出这些偏差很有意义，例如在欺诈探测中，偏差可能预示着欺诈行为。

任务7.4　数据在移动电子商务中的应用

7.4.1　数据分析在移动电子商务中的应用

1. 数据分析让企业的市场目标制定清晰化

随着信息技术与大数据时代的到来，更多企业有了更加丰富、便捷的数据分析手段，电子商务企业非常重视移动电子商务数据分析的方法在目标市场中的应用，客观、准确地了解企业产品或者服务在市场中的地位，越来越引起企业决策层的重视。如果能够得到同行、本企业近几年的市场数据，应用各种移动电子商务数据分析的方法可以得到更准确的趋势分析，让企业在未来目标的市场规划更加有理有据。比如，电子商务企业通过对几年的移动电子商务市场销售数据进行分析，分析本企业产品在市场中的地位，及时调整对现有的产品、供应商的统筹协调，从而提高了企业在市场分析工作环节的效果。

2. 数据分析在电商企业经营策略方面的应用

移动电子商务数据分析近几年来广泛应用在电子商务企业的经营实施的各个环节中，企业根据得到的经营策略的数据指标，较为准确地分析出企业在经营策略实施环节中的效果。企业有了这些手段和方法，能及时调整经营策略，在策略制定和实施过程中不再迷茫。移动电子商务数据分析在企业经营策略方面主要应用在以下几个环节中。

(1) 利用以往的各方面数据进行新的经营策略的前期分析。企业以往在制定新的经营策略时，可参考的更多的是企业领导层的经验和同行的策略，而随着大数据和信息技术的发展，企业能得到以往在制定、经营、实施策略时的数据，进而根据这些不同方面的数据和数据的分析方法，及时分析以往策略的优缺点，这些都是制定新的经营策略的重要参考因素。

(2) 即时数据的反馈在经营策略实施过程中的影响。企业在实施新的策略过程中，有了数据的即时反馈和大数据的分析方法，能够及时观测到新策略的效果，发现策略的优缺点，比如可以看到爆款商品在活动实施过程中是否达到预期效果，需要及时补货还是要进行调整。正确的数据分析方法让企业在这个环节不再迷茫，减少企业经营策略的错误。

(3) 分析数据，做好总结，为新的经营策略做好准备。在每一个策略活动结束后，客观分析得到的所有数据是企业必不可少的步骤。只有运用数据分析方法，根据反馈数据，知道哪些操作可以继续保持，哪些操作需要进一步改进和调整，得出全面准确的分析总结报告，才能让企业接下来的策略向更好的方向发展。

3. 数据分析助力电子商务企业未来的发展

近年来，不少数据模型应用于电子商务企业的不同环节，开启了数据分析在行业中的应用。电子商务企业能恰当地运用移动电子商务数据分析方法，更好地为网站运营、网站策划与编辑、网站推广、客户服务、网络营销员、物流、供应链等电子商务企业各个环节服务与应用。例如，电子商务企业利用社交媒体数据、文本喜好等挖掘各类数据集，通过大数据和数据分析方法创建预测模型，从而更全面地了解客户以及他们的行为、喜好。同时，数据分析也越来越多地应用于优化业务流程。例如，利用供应链环节的优化，对企业成本进行控制。再如，很多企业在物流环节中，通过定位和识别系统来跟踪物流送货，利用实时的交通路况数据来优化运输路线。

7.4.2　数据挖掘在移动电子商务中的应用

1. 用户巩固

通过挖掘移动端中与客户相关的信息，之后利用数据挖掘中的分类技术可以找寻互联网上的各类潜在客户。对于已经存在的那些客户或平台的访问者，可以根据其行为对其进行分类，并按其行为来分析老客户的属性，同时找到一些相同点，作为老客户分类的关键属性，以及相互间的属性联系。对于一个新的移动端访问者，通过与移动端上的老客户之间的比较，发现与已经分类的老客户的相同点，从而保证这个新客户分类的正确性，然后从中判断这个新客户是否有可能进行商业活动，是否是潜在的客户。确定客户的类型后，就可以向客户动态、活动地展示页面，用客户与销售商提供的产品和相关服务之间的关联程度和关联属性来决定呈现页面的内容。如果决定将其作为潜在客户，就可以向这个客户展示一些特殊的、定制的、有联系的、个性化的页面内容，进行商品营销，丰富营销手段。

2. 用户挖掘

在如今的移动电子商务体系中，客户与销售商之间的距离已经不再遥远，利用互联网，销售商可以对全世界的每个客户进行销售活动。那么，如何使客户在自己的销售网站上花费和驻留更长的时间，是每个经销商要解决的难题。只有全面掌握客户的网站信息访问的行为，知道客户的兴趣及需求，并根据用户需求动态地向客户做产品推荐，调整相关的产品页面，提供自己特有的一些商品信息和定制的产品广告，才能使客户愿意经常性、长时间地访问自己的移动电子商务网站，从而提高营销成功的概率。

3. 移动电商平台分析

数据挖掘技术可以提高移动电商平台客户访问的效率，移动端的设计者不必完全根据专家的指导来设计网站，而是依据实际情况，例如通过访问者的信息特征来修改和设计网站结构和外观。商户安排网站上的网页内容，就如在超市的货架上摆放商品一样，把有一定支持度和信任度的有关联的物品放在一起，以帮助销售。同样，移动端也尽可能提高友好度，让客户轻松获得想要的信息，留给客户一个良好的印象，提升下次访问的概率。

4. 市场分析

通过对移动电子商务中的数据挖掘，企业可以分析出顾客将来可能会购买什么，更容易评测出预期的投资回报率，并得到可靠的反馈信息。这不仅大大减少了公司的经营成本，还促进了业务决策的正确度。

项目小结

本章主要介绍了移动电子商务环境下的数据特性，移动商务数据分析及挖掘的概念、数据源，阐述了移动电子商务数据分析方法及数据挖掘技术，并介绍了数据分析及挖掘在移动电子商务中的应用。

项目拓展

【岗位介绍】
岗位：电商数据分析专员

1. 岗位职责

(1) 定期监控并提供运营数据，分析每日商品、顾客、竞品活动数据，发掘问题，针对性地提出解决办法。

(2) 定期分析店铺销售数据，输出分析报告。

(3) 根据实际数据情况，制定完整运营方案。

(4) 能够协调各部门，推进运营方案的进行，应对突发事件。

2. 任职要求

(1) 具备一定的互联网产品知识及思路，根据不同渠道差异，负责各季销售方案的制定与实施；形成月度、季度和年度销售分析报告，并编制改善措施。

(2) 具备一定的数据分析能力。

(3) 沟通协调能力强，有独立思考的能力。

(4) 具备良好的团队合作精神，能够承受工作压力。

【实训操练】

百度指数分析流程如图7-2所示。

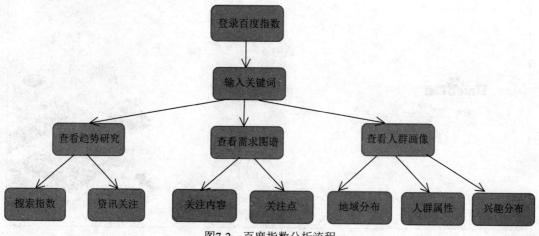

图7-2 百度指数分析流程

1. 实训目标

(1) 使用百度指数分析关键词的研究趋势、需求图谱、人群画像。

(2) 体验移动电子商务网络数据分析工具。

2. 实训环境

一台Windows系统计算机，32位/64位操作系统均可，连接Wi-Fi。

3. 实训背景

随着大数据时代的到来与大数据的应用，数据运营已经成为一种流行的商务模式，被越来越多的企业和个人使用。数据运营离不开数据分析，数据分析是通过正确、有效的方法来进行，这些建立在有效数据基础上的分析结论将有助于移动电子商务的运营。

4. 实训指导

百度指数的主要功能包括基于关键词的趋势研究、需求图谱和人群画像等，用户登录百度指数官网后，在首页搜索框中输入关键词，如输入"牛仔裤"，如图7-3所示，单击"开始探索"按钮即可在打开的页面中查看相关数据。

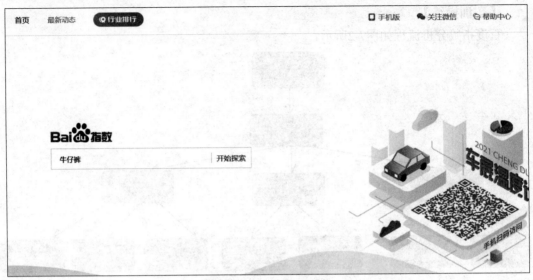

图7-3　输入关键词页面

1) 查看趋势研究

用户输入关键词并单击"开始探索"按钮后,系统默认打开"趋势研究"页面,用户可以查看关键词的搜索指数和资讯关注。

(1) 搜索指数。搜索指数默认显示的是输入的关键词在全国范围内近30天的PC端、移动端的搜索趋势图,以及各种日均值和同比、环比数值。用户可勾选对比时间段复选框对比搜索指数概览。用户可在页面右上方手动设置统计周期(实时、近30天、近90天等)、终端来源(PC+移动、PC、移动)、统计范围(全国、各省份),如图7-4所示。

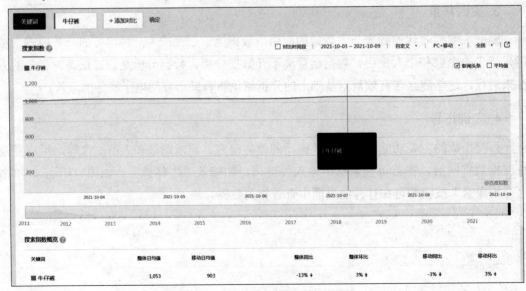

图7-4　"牛仔裤"的搜索指数数据

在"趋势研究"页面左上方单击"添加对比"按钮,在打开的文本框中输入其他关键词,如"运动裤",单击"确定"按钮,此时页面可同时显示两个关键词的搜索指数数据,如图7-5所示。

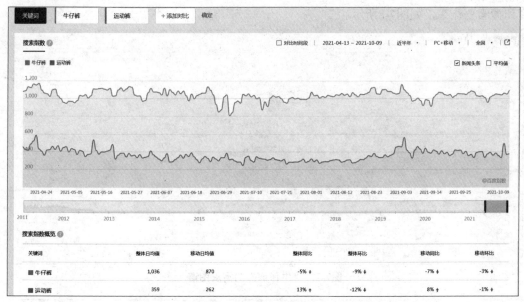

图7-5 "牛仔裤"和"运动裤"的搜索指数数据

(2) 资讯关注。资讯关注主要是指新闻资讯在互联网上对特定关键词的关注及报道程度及持续变化。其中资讯指数主要是指以百度智能分发和推荐内容数据为基础,将网民的阅读、评论、转发、点赞、不喜欢等行为的数量加权求和得出资讯指数。该页面用于显示输入的关键词在全国范围内近30天的资讯指数趋势图,以及日均值、同比和环比数值,如图7-6所示。

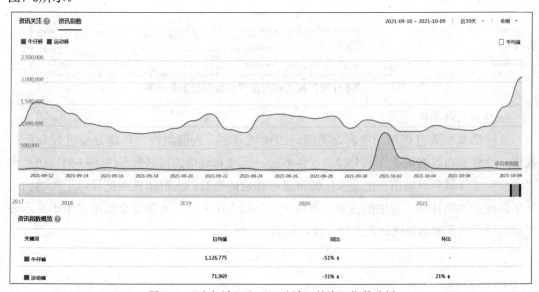

图7-6 "牛仔裤"和"运动裤"的资讯指数分析

2) 查看需求图谱

需求图谱能够显示用户最近7天对搜索关键词关注的内容和关注点。图7-7为“牛仔裤”关键词的需求图谱。另外，需求图谱下方还显示了与搜索关键词相关的词语的搜索热度和搜索变化率，如图7-8所示。

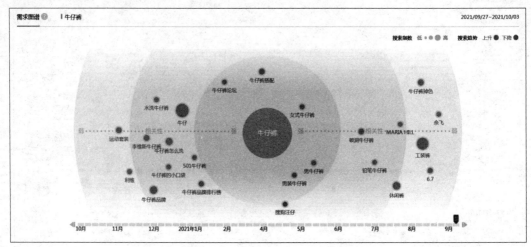

图7-7 “牛仔裤”的需求图谱

相关词热度 2021/09/27~2021/10/03

相关词	搜索热度	相关词	搜索变化率
1. 牛仔		1. 铅笔牛仔裤	↑
2. 工装裤		2. 余飞	↑
3. 牛仔裤品牌		3. 牛仔裤论坛	↓
4. 休闲裤		4. MARIA HILL	↓
5. 牛仔裤怎么洗		5. 牛仔裤的小口袋	↑
6. 牛仔裤怎么洗不掉色		6. 男牛仔裤	↓
7. 街拍牛仔裤		7. 运动套装	↑
8. 牛仔裤掉色		8. 利维	↓
9. 运动套装		9. 搜狗汪仔	↓
10. 破洞牛仔裤		10. 女式牛仔裤	↑

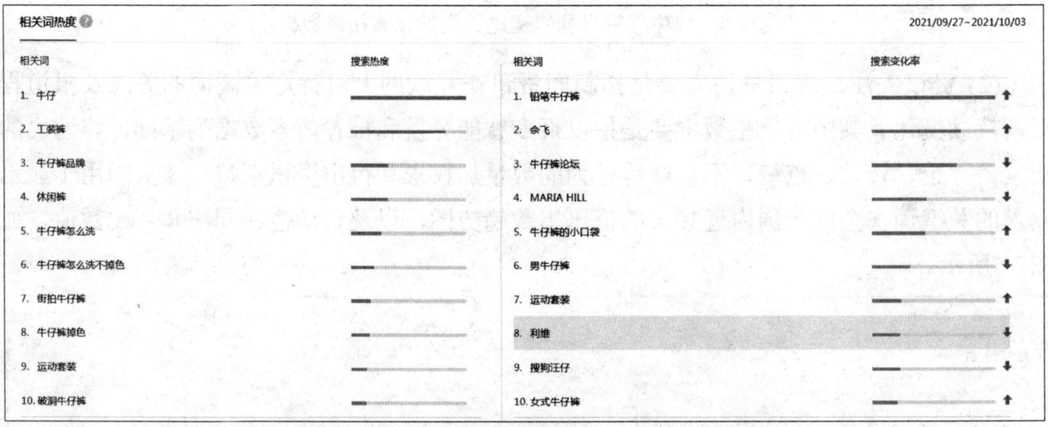

图7-8 “牛仔裤”相关词的搜索热度和搜索变化率

3) 查看人群画像

百度指数的人群画像功能可对关键词的地域分布、人群属性、兴趣分布进行分析。其中：地域分布数据用于显示关键词在各省份、区域和城市的排名情况(见图7-9)，切换到“省份”“区域”“城市”选项卡，即可进行相应的查看；人群属性数据显示了关键词在各年龄段和不同性别人群中的搜索分布情况，如图7-10所示；兴趣分布数据则用于显示各兴趣类目下的搜索该关键词的人群占比，如图7-11所示。

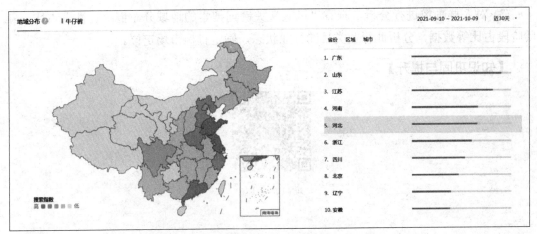

图7-9 各省份和各城市的"牛仔裤"搜索排名

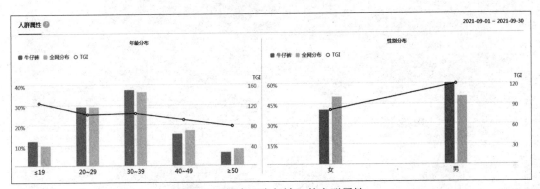

图7-10 搜索"牛仔裤"的人群属性

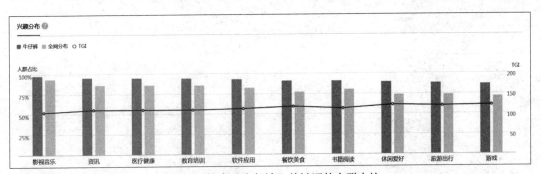

图7-11 搜索"牛仔裤"关键词的人群占比

5. 实训题目

(1) 进入"百度指数"主页面,选择"风衣"行业,查看互联网用户对搜索词的关注程度及持续变化情况,关注日均值和同比、环比数值的变化,并分析所选关键词数据变化呈上升或下降状态可能存在的原因。

(2) 进入"需求图谱"页面,查看用户对"风衣"关键词相关的内容和关注点有哪些,以及和"风衣"关键词相关的词语的搜索热度和搜索变化率,并通过分析确定有价值的热门词语,以作为和"风衣"相关的主要搜索关键词。

(3) 对人群画像进行分析，查看"风衣"关键词搜索的地域分布情况、性别占比、年龄阶段占比等数据，分析此行业类目的行业状态，确定目标市场定位。

【知识巩固与提升】

项目7 习题

项目8 | **移动电子商务安全管理**

项目描述

　　通过本项目的学习,学生能够建立移动电子商务安全防范意识,掌握网络信息安全防范的基本方法,加强对移动电子商务安全重要性的理解;熟悉移动电子商务安全的基本理论;了解当前移动电子商务安全技术;培养学生维护移动电子商务安全的能力,为学生走向工作岗位积累初步的移动电子商务安全防范经验。

项目目标

【知识目标】

(1) 能够分析移动电子商务的安全问题。

(2) 能够制定移动电子商务安全问题的解决方案。

(3) 掌握移动电子商务安全防护技术。

(4) 能够形成移动商务安全意识。

【技能目标】

(1) 能够运用命令查看网络状态。

(2) 通过网络状态判断网络安全性,制定网络安全保障方案。

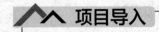 项目导入

【思维导图】

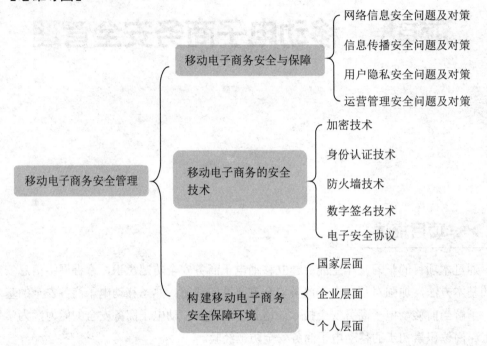

【案例导入】

∽ 移动电子商务安全 ∾

《经济参考报》和数字支付技术公司Visa联合调查了关于消费者使用移动支付的态度，并发布了《数字支付安全与隐私保护|中国大陆消费者态度调查报告》，从报告中可以看出，消费者在使用移动支付的时候最担心的是"被商户泄露个人信息"以及"个人数据被转移至第三方"这两个问题。消费者在网络交易中担忧的问题受到了广泛关注，2021年《工业和信息化部关于电信服务质量的通告》重点强调了要纵深推进App侵害用户权益专项整治行动。据介绍，工业和信息化部对国内主流手机应用商店的36万款应用软件进行技术检测，发现569款App存在违规收集使用个人信息及强制、频繁、过度索权等问题，公开通报291款未在限期内完成整改的App，下架48款拒不整改的App。由此可见，国家愈加重视移动电子商务的安全性，希望给消费者提供一个安全的移动电子商务环境，切实保障消费者利益。

思考与讨论：

(1) 移动电子商务安全存在哪些问题？

(2) 如何应对移动电子商务中的安全隐患？请举例描述您在日常生活中遇到的移动电子商务安全问题。

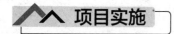

任务8.1　移动电子商务安全与保障

8.1.1　网络信息安全问题及对策

1. 网络信息安全问题

1) 移动终端安全风险

终端的操作系统主要分为iOS、Android两个阵营，一个有漂亮的界面，统一的交互设计，愉悦的互动体验；一个有丰富的内容，开放的系统，丰富的应用。因此，病毒、非法软件和其他的安全隐患越来越多，非法入侵者可以通过对终端智能化、高速度、多程序应用，以及多数用户的安全意识薄弱等特点的利用，通过应用或恶意程序，主动出击基站或4G/5G核心网，如信令风暴、网络攻击等。安全问题拓展机构App的应用主要存在以下两个方面问题：一是允许开发者定制开发，但开发者将质量和安全方面混在一起，对开发缺乏统一的监控，无法保障自身的安全性；二是没有确切机构对App应用的安全可靠性进行审核和监管。

2) 核心网络安全风险

移动终端、网络的普及和飞速发展给我们带来了许多便利，使信息的处理和传递突破时间和地域限制。但与此同时，也带来了更多的网络安全威胁。安全风险主要包括对智能终端的攻击，网络结构存在不可靠的数据传输、数据篡改等，以致设备更容易受到攻击。

3) 数据存储安全风险

随着现代信息的发展，数据的作用越来越大，以致出现大量购买数据的非法行为，这就意味着我们的数据安全受到了严重的威胁。相对于过去而言，4G/5G的传输速度带来的新业务与日俱增，这样也会引起数据方面的安全隐患。有的企业会采取非法的手段获取用户私密信息，还有一些黑客会利用系统漏洞窃取个人用户情报，利用反制手段形成不正当行业竞争。

2. 网络信息安全问题对策

1) 开发终端安全系统

开发终端安全系统，即着重研发具备信息数据备份、增删功能的智能移动终端网络病毒查杀与信息保护安全系统软件，在移动智能终端设备上安装"保障墙"，主要分为两种情况。一种情况是，该系统为私人信息和数据加入安全探测监控；另一种情况是，如果不使用智能设备，客户可以使用远端监控设备，对音频、视频、电话簿、简讯等个人信息实行删除或存储，以防止信息丢失与钱财损失。

2) 建设入网安全评估

建设入网安全评估，即对智能终端应增加网络进入和操作体系软硬件的保障监控与测评，建设移动互联网非法应用追查、跟踪与判定系统，制定针对非法程序与非法程序版本终端控制的制度，以加强其安全性。

3) 完善数据存储体系

完善数据存储体系，一是完善移动商务贸易软件系统安全审核，对部件控制、网上付款结算、数据软件操纵等进行分析记录，对信息数据资源的安全保障级别进行升级，以避免重要数据以及关键资本的窃取；二是强化App中心的安全管理，实行高效确切的应用系统安全管理法规，研发对应的应用体系安全评估程序，对应用体系中发生的恶意链接、应用拓展者权限等实现严密评估，确保应用系统不发生信息移动、越权操作等现象。

网络信息安全问题及对策如表8-1所示。

表8-1　网络信息安全问题及对策

问题	对策
移动终端安全风险	开发终端安全系统
核心网络安全风险	建设入网安全评估
数据存储安全风险	完善数据存储体系

8.1.2　信息传播安全问题及对策

1. 信息传播安全问题

1) 信息不对称

移动商务交易过程中，贸易两方在信息范围中把握的状况也不尽相同。首先，移动商务中的交易是在网络中实现的，具有虚拟属性，消费者只能线上询问卖方以了解商品信息，卖方的身份认证无法得到保障，欺诈的可能性很大，不能保证信誉，导致信誉数据不互通。其次，移动电子商务交易流程都是通过网络传递来完成的，数据传输的速度迅速，卖方拥有数据掌控权，在这个环境下，信息不对称造成的信誉业务的不可靠，增添了交易双方收集数据、辨别信息的困难，预估的成本也随着增长，给社会贸易参与者带来隐藏的风险。

业务环境也会造成移动电子商务业务中的信息数据不对称问题。移动电子商务的普及，促进了商务市场规模的扩展，使得交易中分工细致，专业化更强。移动电子商务具有参加者多、数据量大、业务关系繁杂等特点，并且由于信息的交流越发机动，保持业务的往来并不确定，使得移动商务的商业流程的不稳定性更强。因为买家很难辨别各类信息的真实性，很难掌控其实用性，也因为要求得到更加确切的信息而耗费更多的预价，使商品性价比变低，这使参与者退出交易，贸易竞争越来越严重。

移动电子商务贸易有交易前准备、交易中商洽并签订线上合同、合同的实行与赔偿等程序。这三个阶段都有信息不对称的情况。

第一阶段，交易前的筹备。交易前的筹备就是参与商务业务的几方为签订协议做准备。买家必须确定他们想买什么，而后预备购进货物，购进货物实行市场调研，收集有关的信息，如货物的品质、规模、单价、收货点等。买方可以使用互联网查寻卖家的信誉等级，以选择要购买的商品和卖方。但买方在这个浏览过程中所把握的资讯一般是片面的，会因信誉资讯不对称而受到欺骗且承受损失。

第二阶段，交易中商洽并签订电子合同。交易中商洽并签订合同的环节主要是在进行交易的意向双方之间展开的对业务细节的协定，例如，淘宝网进行交易的过程通常都是使用阿里旺旺软件来进行协定的。贸易两方能够应用现代科技，将协商后的贸易的使命和权益还有贸易的关键点都加入电子商务业务协定中，而后利用电子信息互换协议，或利用第三方加入来实现贸易进程。这个阶段中，商家更容易掌握信息，买方对商品的了解欠缺，电子合同的签订也会存在漏洞，致使信用信息不对称。

第三阶段，合同的实行与赔偿。要求赔偿是指贸易两方在贸易进程中发生信息数据不吻合的状况下发生的。卖方利用买方掌握信息不完善而实现诓骗，在第三方平台和索赔过程中出现信用信息不对称。由于移动电子商务存在以上的性能和特点，信息信用不对称问题极大地影响着移动电子商务的发展。

2) 智能位置追踪系统不完善

随着市场上智能手机数量的不断增加，用户对其的依赖程度也越来越高，手机数据安全的隐私问题也逐渐受到重视。用户手机数据泄露案件屡屡发生，所以说保护我们的手机隐私，已经成了现代信息社会生活中必不可少的一部分。

现在人们使用的智能手机中，总体上有两大阵营，分别是安卓(Android)以及苹果(iOS)，但是苹果的不开源性导致了部分人群纷纷转向开源性较好的安卓系统，华为、联想、魅族等一大批国内的手机厂商借助了安卓系统设计出深度定制的安卓系统的手机来满足不同消费人群的用户。这些企业推出了种类丰富的社交软件以及实用的银行软件，让用户足不出户就可以用手机处理相关事宜。虽然安卓系统的普及率较大，但是随之而来的问题也越来越多。人们习惯性地将个人信息保存在手机之中，如个人的银行卡登录密码、隐私照片、工作相关文件以及个人其他重要信息等。假如说手机的信息被黑客攻破，个人的信息就会泄漏，这样一来，用户的个人信息安全就无法得到保证，对个人的生活产生严重的威胁，后果将无法预知。所以说，加强手机信息安全的保障工作是目前急需加强的工作，是未来工作的重中之重。

2. 信息传播安全对策

1) 信息不对称下风险规避对策

对于现在移动电子商务市场存在的信息不对称问题，提出以下几种对策。

(1) 健全电子商务信誉数据应用平台。征信机构是收集、整理、组织和处理提供电子商务业务的代理人信息的主体，可建立针对企业以及个人的信用信息数据库，通过生成的报告对此进行分析。移动电子商务信息信誉应用系统利用现代科技在信息信誉数据基础上交换共享，在各系统模式之间进行搜索调用的运营管理，打破信用系统的分割状态，使系统间原本存在的非结构化差异消失。在构建平台的过程中，平台充分享受资源共享，有组织地开展一系列活动，综合各类信誉通信数据，使数据交换实现跨系统、跨地域的开放共存。平台在具体的操作过程中应该对个人的信息进行安全保障，防止信息被黑客窃取而造成隐私的泄露。

(2) 提升移动电子商务业务中的信息对称程度。目前，提升移动商务业务的讯息对称程度是防止信用威胁的有效保障，这就需要在提取商品与服务的质量、信用和支付力等信息的同时，还要营造一个良好的信用商业环境。首先，需要构建良好的讯息互通体系和可靠的讯息交流空间，使讯息最大限度地公开化、公众化。政府作为主体应当建立相应的信用调查系统，应当查询企业的详细组织与构架。其次，明确主管部门的管理体系，完全体现主管部门的积极角色。主管部门应该严密拟订某些基本的重要的办事准则和技术准则，以促进电子商务业务的实现，鼓励信誉行为，积极打造以诚信为基础环境的市场氛围。

(3) 对信用信息进行"深加工"以营造诚信市场。营造良好的信誉市场离不开健康的发展环境，企业推进和政府监督双管齐下。首先，应让企业遵循市场需求自行发展，只要不违反国家法律法规，政府都不应干预太多，应给予支持。其次，快速建立相关的市场准入制度，同时加强相关的法律制定，以市场为主体，建立适合我国实际国情的发展纲要。对于一些违反规则以及法律的人应加大惩罚力度，让一些不法分子对此望而却步。

2) 加强智能位置追踪系统建设

如果我们的手机不小心丢失了，用户可以通过相应的措施对丢失的手机发送一系列指令，在抹除个人隐私数据的同时也避免手机里面更多的信息泄漏。这样一来，可以很大程度上保障用户的隐私不会被泄露。一般建议采用国际上比较通用的组件在安卓系统后台提供一系列的支持。JSON(一种轻量级的数据交换格式)系统有利于对客户信息的读取和输入、系统的信息解析和生成，因此手机与服务器信息交互实行JSON模式实现。

信息传播安全问题及对策如表8-2所示。

表8-2 信息传播安全问题及对策

问题	对策
信息不对称	信息不对称下风险规避对策
智能位置追踪系统不完善	加强智能位置追踪系统建设

8.1.3　用户隐私安全问题及对策

1. 用户隐私安全问题

1) 身份认证不完善

我国巨大的通信用户量为移动电子商务与支付的进展积淀了很好的底子，发展空间很大，但移动付款的安全问题仍然限制了移动商务的发展。身份认证是保障互联网信息安全性的可靠形式。在互联网讯息交换与数据体系运作进程中，身份认证是保障信息安全的第一道防线。身份认证通过验证交互信息并设定访问权限来鉴别信息通讯主体身份是否合法。为保障移动商务交易的安全，在移动支付过程中，业务双方要想得到相应确切的权限，必须通过交易双方的身份验证，这在很大程度上保障了双方身份的真实，以确保交易的安全。

身份认证是以用户名及密码的静态口令方式实现的，具有便捷、简单的特性，但因为密码是以明文形式在网上传输，客户端访问很容易被拦截或破解，所以不便用于传输敏感信息，如事务信息。由于网络信息通信需要更高的安全性，一种基于可信任第三方认证系统的公钥基础设施发展起来，身份认证体系逐渐完善，安全性也逐渐提升，但缺点是成本较高，且我国第三方认证系统没有统一标准，也制约着公钥基础设施的进一步发展。动态口令的使用也有很大的限制性，如口令实行单方确认和实施，不存在服务器确认。

移动终端有一个独立的标识符，即手机号码，其能够和客户身份相对应，为身份确认付款提供了很高的保障。但它也存在一些缺点，如移动业务付款中的重要数据是由无线通信通道传递的，这更容易使数据受到攻击和盗取；移动终端运算技能及储备空间都比有线客户终端弱，并且易损失，该体系的自我防御效果也相对较弱；数据在开放通道传递中易出现信号弱及误码率较高的现象。

2) 个人信息商业化利用现象

一些商家为了获取更大的利益，将用户的个人隐私明码标价，公开出售给需要个人信息的其他商家，将出售个人信息作为谋利方式，获取很高的不法收益。商家将用户注册的个人信息全部记录于内部控制的数据库中，对任何用户信息进行研究分析，将用户个人数据进行再次提取利用，提炼并获取某些用户未透露的信息，从而指导其营销战略制定。

2. 用户隐私安全对策

1) 加强身份认证机制建设

对用户进行身份认证是保障移动支付安全性的重要对策。如果用户全部是实名制，在系统上面都提供自己的真实信息，同时进行视频认证的话，信息系统将会变得更加保险，用户的信息也会得到最大的保护，也就从源头上治理了信息泄漏的问题，同时也降低了受病毒和仿冒用户行为攻击的风险。

2) 依法打击个人信息商业化利用现象

我国应完善个人信息维护的法律法规，营造完善的法治社会，为我们的个人信息安全提供保障。国家和地方相应部门应对个人信息安全保障体系及其实现进行监控管制，促使全部行业依法使用民众的个人信息数据，营造良好的信用氛围。最终，为了从根本上解决广大用户信息安全隐私的问题，管理公民个人信息的相关执法部门和代表应尽快完善个人信息安全的管理体系。

移动商务相关的行业组织应尽快制定针对信息安全问题的相关规范标准，着重加强行业自律性，在面对责任时能积极承当。一般的法律法规具有强制性，而针对不同行业内部特性制定的规章制度不存在强制性。目前，为确保用户个人隐私和个人信息数据不被泄露与窃取，必须提升网络从业人员自身的道德素养。确保用户的个人隐私安全及个人信息安全是所有移动商务网站的义务，并应给予如下的承诺和责任：如果用户对某一网站中的个人信息保障及利用的途径有所怀疑，可随时对自己注册的个人信息数据实行清除处理；任何网站若没有经过用户的允许和回应，不可以对用户注册的个人数据资料以任何目的转让与使用。

用户隐私安全问题及对策如表8-3所示。

表8-3　用户隐私安全问题及对策

问题	对策
身份认证不完善	加强身份认证机制建设
个人信息商业化利用现象	依法打击个人信息商业化利用现象

8.1.4　运营管理安全问题及对策

1. 运营管理安全问题

1) 个人信息安全保护存在的问题

在大数据背景下，移动电子商务对个人信息保护的探索仍然处在起步的过程。以前，由于个人信息保护的技术水平较低，个人信息保护立法体系不够具体、合理，操作性不强，社会监管主体单一化等，个人信息的保护工作出现多方面的问题。移动电子商务个人信息保护涉及诸多方面。

(1) 用户信息存在默认保存的问题。在现在大数据的环境下，一些网站会把用户的个人信息设置成默认保存的形式，用户在不经意间就透露了自己的个人信息，这样一来，用户的信息就可以很轻易地被后台保存，同时用户的消息也可能被打包卖给不法分子。

(2) 个人信息设置存在的问题。在一些社交软件上面，我们往往可以看到自己的设备信息，有的软件甚至可以显示我们的手机型号。一些人认为这种设置可以让别人看到自己使用的是高端手机，却不知道这种设置偷偷地泄漏了我们的个人信息，对个人的信息安全存在巨大的安全隐患。

(3) 个人网银信息保护方面存在的问题。随着手机客户端的快速普及，交易变得更加方便。支付宝、微信支付越来越被广泛使用，这些手机应用需要用户提交自己的个人信息，有的支付方式甚至还需要个人的身份证或者本人的照片，这样做对支付有一定的保障，但如果出现信息泄漏，个人的信息将在网上一览无余，给人们的生活带来很多的不便。

(4) 用户个人隐私方面存在的问题。很多人不注重保护自己的个人信息，直到自己的信息被挂在网上才开始注意，这时只能亡羊补牢了。所以说无论是个人还是集体，都需要注重个人信息的保护。

(5) 个人浏览记录存在的问题。现在的计算机系统会默认存储用户浏览网站的信息，这样一来，用户的浏览情况以及用户的相关偏好可以在后台的数据中被计算出来，转卖给网上电商，电商就可以对用户进行针对性的设计，让用户在浏览网页的时候可以看到相关产品信息，从而购买产品。

2) 移动支付安全隐患

移动支付是移动电子商务的重点组成要素。目前，移动支付已渐渐成为一种主流的生活方式，其存在的网络环境建设也日趋完善。但移动终端设施计算技能较弱、储备空间小、界面和能源持续性弱等自身的限制性问题仍客观存在，确保移动支付安全的条例法律也并未完善，移动支付面临着以下问题。

(1) 交易公平性、不可否认性。客户使用手机等移动终端实现贸易进程，怎样顺利完成付款，怎样使贸易两方都实现平等并避免贸易中的赖账状况都是移动商务信息安全需要关注的焦点。

(2) 交易信用问题。虽然目前移动运营商等机构正借助自身较高的信誉和移动网络开展一系列相应的业务，但移动电子商务交易中出现的诚信安全问题依然非常值得关注。

2. 运营管理安全对策

1) 加强个人信息安全保护管理

在当前大数据的时代下，我们应该采取高精尖的科技手段来保障用户的信息安全。目前最有效的方式就是通过第三方技术手段对用户的个人信息数据进行加密，防止不法分子对用户数据进行非法访问。

从技术的层面上，应加强公安与地方企事业单位的合作，对身份认证实现多元化的确认方式。同时，用户要加强自己的防范意识，适当地增加对自己隐私的数据保障，杜绝个人隐私的数据泄漏。

在立法上，要坚持信息流指示的规则。信息的自由流动是移动商务信息运行实现的基础，同时也对电子商务的发展起到很大的推动作用。所以说对保护个人网络信息隐私安全来说，最根本的是尽快完善相关的保护法律。

2) 加强第三方移动支付安全管理

用户选择使用移动支付方式来进行结算，安全性是最重要的参考要素。若用户在使用支付系统的过程中发现其中存在安全隐患，该系统的用户数量一定会大幅度减少。因此，移动付款安全威胁的平复是完善移动付款系统的关键。移动支付要想继续安全文件的更好发展，解决其中可能存在的信息安全问题是首要目标。我们可以通过加强第三方支付平台运行监管、完善第三方支付平台规则、加密用户支付相关信息、优化支付流程等来加强第三方移动支付安全。

移动支付的交易实现过程对安全性有极高的要求与标准，因为整个支付过程需要在一个相对有安全保障的开放性的互联网环境中实现。移动支付平台需要保障用户在支付过程中的任何个人信息数据的不可泄露性，同时要保障移动商务交易双方的合法权益不遭受额外损失。

运营管理安全问题及对策如表8-4所示。

表8-4　运营管理安全问题及对策

问题	对策
个人信息安全保护存在的问题	加强个人信息安全保护管理
移动支付安全隐患	加强第三方移动支付安全管理

任务8.2　移动电子商务的安全技术

1. 加密技术

随着移动电商技术应用的不断深化，加密技术得以应用和推广，这在很大程度上实现了数据信息的快速传输以及交易数据的准确完整。加密技术可以清晰地分辨出交易两方的身份真实性，确保不会发生数据传输的安全隐患。加密技术通过密码学领域的知识把数据和信息转变为编译的文字或者其他类型的密码形式进行传输，到了传输终端以后，再把编译的密码形式翻译成技术原本的数据信息。加密技术保证了整个传输过程中的安全。

2. 身份认证技术

身份认证技术指的是网络设备系统及计算机系统通过各种技术手段的有效利用来识别使用者的身份信息，内容类别包括数字证书、随机口令以及生物体貌特征等。随机口令主要包括静态、USBKEY 以及动态密码口令等几种认证方式。由证书发行机构所颁布的数字认证证书可以对各个使用者的身份信息进行标记；生物体貌特征身份认证指的是通过脸部、人体掌纹和指纹、视网膜、人体气味、虹膜等来进行使用者身份信息的识别。

3. 防火墙技术

防火墙技术是针对互联网的安全隐患而使用的保护措施，是一道用来抵挡外部危险因素的虚拟屏障，防止外部未经授权的用户访问移动数据。防火墙技术主要包括服务器访问政策、验证工具、包过滤和应用网关4个方面。防火墙技术又分为网络防火墙技术和计算机防火墙技术。网络防火墙是设置在外部网络和内部网络之间的防火墙；计算机防火墙是设置在外部网络与计算机之间的防火墙。这两种防火墙都是以计算机硬件与软件结合为基础。

4. 数字签名技术

通过数字签名技术，移动电子商务在数据信息传播过程中可以有效地保护信息的完整与安全，而且能够提供发送信息者的身份。在发送信息时，信息发送方通过个人私密钥匙对数据信息进行签名，信息接收方利用信息发送方的公用钥匙验证传输的数据信息，可以有效判断这个数字签名是不是信息发送方的，并且其他的人如果没有信息发送方的私密钥匙是不可以对这个私密钥匙造假的。

5. 电子安全协议

电子安全协议，主要包括安全套接层协议(SSL)、安全电子交易(SET)。其中，SSL协议主要是对通信内容进行加密处理，可以提供给用户还有网络服务器终端进行认证，用来保障数据信息在交互传播中不会丢失，保证信息完整。SET协议是一种虚拟的电子商务行业规范，是应用在网络中以信用卡为基础的电子交易系统规范，通过SET协议可以实现电子商务交易中的加密、认证、密钥管理机制等，保证了在因特网上使用信用卡进行在线购物的安全。

任务8.3　构建移动电子商务安全保障环境

虽然信息安全形势比较严峻，但是我国已经将网络空间信息安全建设提高到国家安全层面，通过政府、企业和个人不懈地共同努力，必将做到自主、安全、可控。移动互联网信息安全的发展同样应该从国家、企业和个人层面来进行描述。

1. 国家层面

在国家层面，通过不断完善相应法律法规，建立信息安全的法律和政策框架；通过加大对信息产业的投入，逐步建立自主的技术路线、标准和体制，实时掌握信息产业发展的话语权；突破以核心芯片为代表的关键技术，推动自主可控移动互联网生态系统的建设。

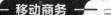

2.企业层面

在企业层面，积极应对移动办公带来的信息安全挑战，研究移动办公安全体系及架构，以云计算和安全终端等关键技术为突破口，建立健全发展自主可控的，包括终端自身安全、接入安全和传输安全的完整移动办公解决方案。

3.个人层面

在个人层面，依托国家法律法规，在提供移动互联网安全解决方案的基础上，加大信息安全知识的宣传推广，提高个人信息安全保护意识，由点到面，自下而上地提高移动互联网信息安全整体水平。

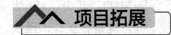

本章主要介绍移动电子商务安全问题，并基于安全问题提出相应的解决对策，介绍了移动电子商务安全的相关技术，主要从加密技术、身份认证技术、防火墙技术、数字签名技术、电子安全协议方面来阐述，同时从国家层面、企业层面、个人层面提出了我国移动电子商务安全发展策略。

项目拓展

【岗位介绍】

岗位：移动安全研究员

1.岗位职责

(1) 能够分析网络状态，具有辨别网络安全的能力，建立有效监控手段，持续进行作弊情报收集与分析，并输出对抗方案。

(2) 监测行业变化趋势，定期输出分析调研报告。

2.任职要求

(1) 具有安全及相关领域工作经验，能够运用网络诊断工具或技术查看分析网络状态。

(2) 对业界主要的安全技术有一定了解，能够有效地收集开源情报信息，能够独立运用各种手段进行安全分析，并应用到实际产品中。

(3) 拥有强烈的责任心和团队合作精神，具有出色的学习能力。

(4) 具备强烈的好奇心和自我驱动力，喜欢接受挑战，追求极致。

【实训操练】

1.实训目标

(1) 使用netstat命令查看活动的TCP连接信息列表、以太网统计信息、路由表信息等。

(2) 体验诊断移动电子商务网络安全环境的运用。

2. 实训环境

一台Windows系统计算机，32位/64位操作系统均可，连接Wi-Fi。

3. 实训背景

由于互联网的开放性和其他各种因素影响，在进行移动电子商务活动时，需要传输消费者和商家的机密信息，如用户的银行账号、商家和用户基本信息以及订购信息等，而这些信息一直是网络非法入侵或黑客攻击的首选目标。如何保障移动电子商务安全，如何保护敏感信息和个人信息的机密性、完整性，已经成为制约电子商务发展的瓶颈之一。

作为一名移动电子商务人员，要结合实际的网络环境，利用基本的网络诊断工具查看并分析网络状态，确保工作环境的安全，提高辨别网络安全及诚信的能力，提升网络安全防护体系。

4. 实训指导

网络状态监测流程如图8-1所示。

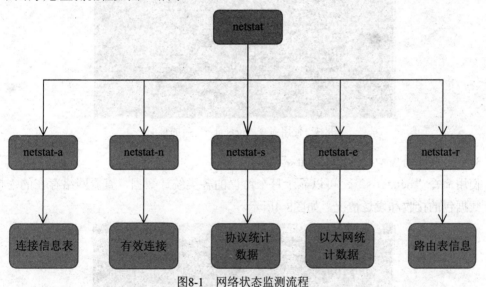

图8-1　网络状态监测流程

1) 命令提示符窗口输入"netstat-a"

使用命令"netstat-a"，可以显示所有的有效连接信息列表，包括已建立的连接(ESTABLISHED)，包括监听连接请求(LISTENING)的连接，断开连接(CLOSE_WAIT)或者处于联机等待状态的(TIME_WAIT)等，如图8-2所示。

2) 命令提示符窗口输入"netstat-n"

使用命令"netstat-n"，可以显示已创建的有效连接，并以数字形式显示本地地址和端口号，如图8-3所示。

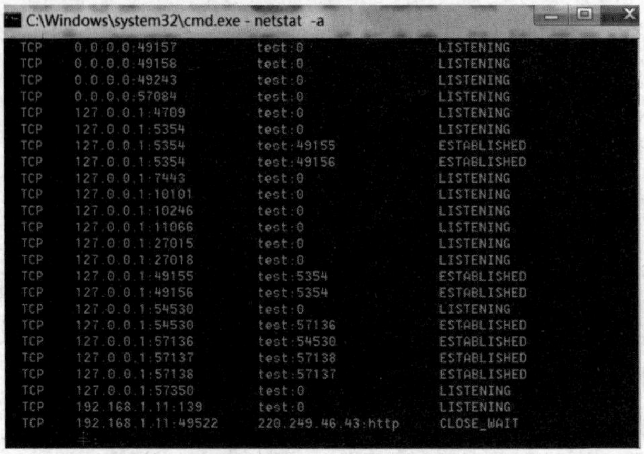

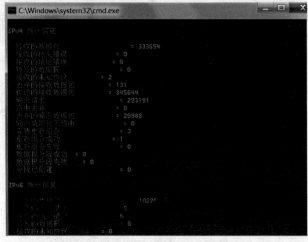

图8-2　使用命令"netstat-a"后的页面

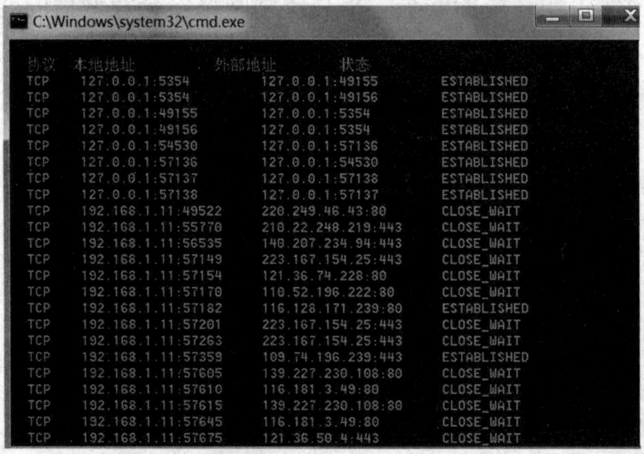

图8-3　使用命令"netstat-n"后的页面

3) 命令提示符窗口输入"netstat-s"

使用命令"netstat-s"，可以显示每个协议的各类统计数据，查看网络存在的连接，显示数据包的接收和发送情况，如图8-4所示。

图8-4　使用命令"netstat-s"后的页面

4) 命令提示符窗口输入"netstat-e"

使用命令"netstat-e"，可以显示关于以太网的统计数据，包括传送的字节数、数据包、错误等，如图8-5所示。

图8-5 使用命令"netstat-e"后的页面

5) 命令提示符窗口输入"netstat-r"

使用命令"netstat-r"，可以显示关于路由表的信息，以及当前有效连接，如图8-6所示。

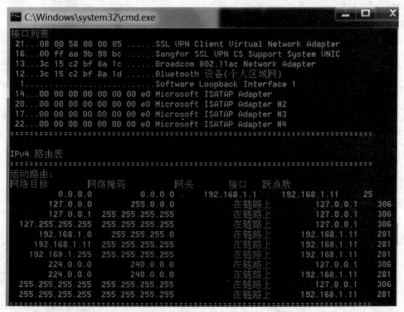

图8-6 使用命令"netstat-r"后的页面

5. 实训题目

(1) 计算机开机后，不要做任何操作。

(2) 使用命令"netstat-a"查看当前网络有效连接信息列表，是否有外网IP。

(3) 结束命令"netstat-a"，此时运行360软件或其他软件，再次使用命令"netstat-a"查看当前网络有效连接信息列表。

(4) 如发现360软件有一个连接到服务器的IP，这种情况网络状态是否正常；如果发现还有其他的外网IP，这种情况网络是否处于安全状态。

【知识巩固与提升】

项目8 习题

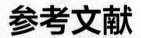

参考文献

[1] 全国移动商务技能竞赛组委会，南京奥派信息产业股份公司. 移动商务综合实训[M]. 北京：国家开放大学出版社，2017.

[2] 王忠元. 移动电子商务[M]. 2版. 北京：机械工业出版社，2018.

[3] 李小斌，阳娟娟，尹波. 移动电子商务[M]. 北京：中国人民大学出版社，2018.

[4] 邵贵平. 电子商务物流管理[M]. 3版.北京：人民邮电出版社，2018.

[5] 梁婵卓. 移动电子商务实务[M]. 北京：化学工业出版社，2019.

[6] 李立威，王晓红，李丹丹. 移动商务理论与实务[M]. 北京：机械工业出版社，2019.

[7] 陈月波. 移动电商实务[M]. 2版. 北京：中国人民大学出版社，2020.

[8] 周建良. 移动商务[M]. 2版.北京：电子工业出版社，2020.

[9] 娜日. 移动商务实用教程[M]. 上海：上海交通大学出版社，2020.

[10] 淡梅华. 我国移动电子商务发展的制约因素及对策分析[J]. 现代商业，2020(19)：54-55. DOI:10.14097/j.cnki.5392/2020.19.024.

[11] 顾明. 浅析我国电子商务发展历程[J]. 江苏商论，2019(02)：31-35.DOI:10.13395/j.cnki.issn.1009-0061.2019.02.008.

[12] 李立威. 移动商务的分类及用户采纳行为研究综述[J]. 现代情报，2014，34(06)：171-176.

[13] 张峻玮. 移动电子商务发展研究综述[J]. 经济研究导刊，2011(01)：189-190.

[14] 薛晓青，王明宇.移动电子商务发展的机遇与挑战研究[J]. 电子商务，2016(03)：1-2.DOI:10.14011/j.cnki.dzsw.2016.03.001.

[15] 陈海挺.中国移动电子商务研究现状综述与发展趋势[J]. 硅谷，2010(16)：24+4.

[16] 张盈.二维码技术在移动商务中的实施策略研究[J]. 商场现代化，2019(02)：61-62.DOI:10.14013/j.cnki.scxdh.2019.02.033.

[17] 陈小波.基于Android移动电子商务平台的设计与实现的意义[J]. 电脑知识与技术，2016，12(11)：282-283.DOI:10.14004/j.cnki.ckt.2016.1361.

[18] 黄栋南. 基于App的移动电子商务发展潜力探析[J]. 中国信息化，2017(09)：77-80.

[19] 刘婷婷. 基于LBS的O2O移动电子商务精准营销路径研究[J]. 中国集体经济，2019(06)：107-108.

[20] 拜亚萌. 物联网中间件技术在移动电子商务平台中的应用研究[J]. 焦作大学学报，2019，33(01)：48-50.DOI:10.16214/j.cnki.cn41-1276/g4.2019.01.014.

[21] 曲萍. 移动电子商务的用户界面设计研究[J]. 商场现代化，2019(02)：56-57.DOI:10.14013/j.cnki.scxdh.2019.02.030.

[22] 宿子顺，程建新.移动电子商务短视频的商业模式与体验设计研究[J].上海商学院学报，2019，20(05)：85-95.

[23] 邓嘉明. 移动网络时代电子商务监测技术的发展[J]. 计算机与现代化，2016(08)：97-99+122.

[24] 简靖韡，董林凤. 二维码技术的发展及应用[J]. 中小企业管理与科技(下旬刊)，2013(09)：290-291.

[25] 高凯. "互联网+"时代传统零售业商业模式创新路径[J]. 企业经济，2017，36(05)：155-159.DOI:10.13529/j.cnki.enterprise.economy.2017.05.022.

[26] 冯凯. 基于移动互联网的跨境电子商务研究[D]. 天津：天津商业大学，2016.

[27] 刘会珍，陈龙云.基于移动设备的电子商务平台的设计与实现[J].宿州学院学报，2018，33(06)：43-48.

[28] 方芳. 基于智能手机的移动电子商务营销模式探究[J]. 电子商务，2020(04)：63-64.DOI:10.14011/j.cnki.dzsw.2020.04.029.

[29] 刘芳，吕家剑. 视觉营销在移动电子商务中的应用[J]. 电子世界，2019(06)：90-91.DOI:10.19353/j.cnki.dzsj.2019.06.046.

[30] 朱秀芬. 我国移动电子商务商业模式发展探讨[J]. 商业经济研究，2018(14)：84-86.

[31] 吕千千，郭晓艳，牛青.移动O2O模式与传统电子商务模式的比较分析[J]. 中国商论，2015(27)：59-62.

[32] 方晓英. 移动电子商务互动营销及应用模式探讨[J]. 信息与电脑(理论版)，2015(23)：54-55.

[33] 张夏恒. 跨境电子商务生态系统构建机理与实施路径[J]. 当代经济管理，2021，43(07)：55-60.DOI:10.13253/j.cnki.ddjjgl.2021.07.008.

[34] 宋龙虎. 移动互联网环境下的电子商务模式及创新研究[J]. 现代营销(经营版)，2020(09)：114-115.DOI:10.19921/j.cnki.1009-2994.2020.09.056.

[35] 陈氢，陈奕炜. 移动互联网时代的电子商务营销策略研究[J]. 中国集体经济，2017(32)：64-65.

[36] 郭媛媛，郭文静. 移动商务环境下电商企业的运营模式研究[J]. 现代营销(经营版)，2020(10)：96-97.DOI:10.19921/j.cnki.1009-2994.2020.10.046.

[37] 郑旻璐. 移动商务中的生力军：HTML5场景应用营销[J]. 中国市场，2015(49)：33-34.DOI:10.13939/j.cnki.zgsc.2015.49.033.

[38] 韩喜君. 移动社交商务模型分析[J]. 现代营销(下旬刊)，2017(11)：247.

[39] 王慧. 移动电子商务应用模式探析[J]. 电子商务，2013(09)：1-2.DOI:10.14011/j.cnki.dzsw.2013.09.014.

[40] 周丹涯. 移动电子商务的商务模式分析[J]. 现代职业教育，2017(31)：74.

[41] 徐丹丹. 移动电子商务商业模式研究[J]. 商场现代化，2014(23)：94-96.DOI:10.14013/j.cnki.scxdh.2014.23.212.

[42] 兰小毅. 移动电子商务市场价值链分析[J]. 中国市场，2008(45)：107-108.

[43] 黄婧雯. 移动电子商务应用模式分析：基于互动营销视角[J]. 科技创新导报，2019，16(22)：132-133.DOI:10.16660/j.cnki.1674-098X.2019.22.132.

[44] 陈昭翰. 电子商务视角下移动支付的风险及对策研究[J]. 商场现代化，2020(12)：50-52.DOI:10.14013/j.cnki.scxdh.2020.12.018.

[45] 欧阳洋，袁勤俭. 国内外电子商务环境下隐私关注研究述评[J]. 情报科学，2016，34(07)：170-176.DOI:10.13833/j.cnki.is.2016.07.031.

[46] 王振江. 互联网时代电子商务移动支付的交易风险与应用优化[J]. 中国集体经济，2018(22)：83-84.

[47] 郭洋. 浅析移动电子商务支付模式[J]. 中国管理信息化，2016，19(08)：145.

[48] 范敏，陈磊. 移动电子商务中的短信验证码安全威胁问题研究[J]. 合肥工业大学学报(社会科学版)，2017，31(05)：37-41.

[49] 徐超毅，桂海霞，张波. 移动商务用户信任的研究现状及方向探讨[J]. 电子商务，2020(09)：36-38.DOI:10.14011/j.cnki.dzsw.2020.09.016.

[50] 张莹，丁琪. 电子支付安全问题探析[J]. 山西科技，2017，32(05)：91-94.

[51] 高瑞含. 浅析电子支付安全问题[J]. 数字通信世界，2019(02)：137.

[52] 网络支付十大安全案例分析[J]. 中国防伪报道，2017(10)：53-57.

[53] 黄斌欢，罗滟晴. 直播带货与深嵌营销：双循环背景下销售劳动的转型[J]. 新视野，2021(01)：105-112.

[54] 杨百慧，赵燕妮. 基于抖音直播营销对消费者购买意愿影响因素的研究[J]. 现代商业，2020(35)：32-34.DOI:10.14097/j.cnki.5392/2020.35.011.

[55] 龙情. 近3年H5传播形式在营销中的应用[J]. 新媒体研究，2018，4(24)：40-41.DOI:10.16604/j.cnki.issn2096-0360.2018.24.015.

[56] 谭畅，贾桦，杜港，蒋丹. 浅析网络直播的定义、特点、发展历程及其商业模式[J]. 现代商业，2018(19)：165-168.DOI:10.14097/j.cnki.5392/2018.19.080.

[57] 陆兰华，王檬，张璐，陈钰. 基于微信平台的企业H5页面营销探究[J]. 中国商

论，2017(24)：42-43.DOI:10.19699/j.cnki.issn2096-0298.2017.24.022.

[58] 李慧慧. 网络直播开启品牌营销的新方式[J]. 市场研究，2016(12)：12-14. DOI:10.13999/j.cnki.scyj.2016.12.005.

[59] 孙慧敏，张雅静. 玩转H5营销[J]. 经贸实践，2016(01)：262-263.

[60] 吴健. 电商时代的新品牌营销思维[J]. 中国储运，2014(05)：98.DOI:10.16301/j.cnki.cn12-1204/f.2014.05.049.

[61] 彭盾，齐鹏，覃怡敏. 化解App创业焦虑的七大"魔法棒"[J]. 商场现代化，2014(10)：42-44.DOI:10.14013/j.cnki.scxdh.2014.10.045.

[62] 陈永东. 媒体微博运营的道与术[J]. 中国传媒科技，2013(05)：8-9.DOI:10.19483/j.cnki.11-4653/n.2013.05.001.

[63] 韩俊，夏青，刘静祯，王建坡. 电子地图的自适应显示研究[J]. 测绘与空间地理信息，2010，33(05)：202-203+205+210.

[64] 王小平. App创业：煎熬生存的持久战[EB/OL]. (2014-04-25)[2021-05-08]. http://blog.sciencenet.cn/blog-1225851- 788420.html.

[65] 陈永东. 如何让微博营销走出喧嚣求实效[EB/OL]. (2012-12-28)[2021-05-08]. http://blog.sina.com.cn/s/blog_541bdbb80102e1ai.html.

[66] 商助99click. 电商二维码营销的四大招式[EB/OL]. (2013-05-22)[2021-05-08]. http://blog.ifeng.com/article/27355096.html.

[67] 百度百科. 二维码[DB/OL]. (2019-09-04)[2021-05-08]. http://baike.baidu.com/view/71834.html.

[68] 百度百科. LBS基站定位[DB/OL]. (2013-03-07)[2021-05-08]. http://baike.baidu.com/view/10133305.htm.

[69] 孙楚绿，林挺. 基于移动商务的农产品物流问题与对策分析[J]. 商场现代化，2020(06)：49-50.DOI:10.14013/j.cnki.scxdh.2020.06.022.

[70] 王静. 移动电子商务时代的末端服务共享能力研究[J]. 陕西广播电视大学学报，2018，20(04)：85-87.

[71] 李红卫. 移动电子商务时代的末端物流协同配送模式分析[J]. 物流工程与管理，2017，39(02)：75-78.

[72] 李想. 移动互联网背景下我国农村物流与电子商务的协调发展研究[J]. 商业经济研究，2016(21)：107-109.

[73] 官子力，张旭梅，王兴山. 移动互联网环境下ERP产业链商务模式及发展对策研究[J]. 管理现代化，2016，36(06)：95-98.

[74] 周正博，冷飞，张航畅. 移动网络电子商务物流信息实时提取方法研究[J]. 计算机仿真，2018，35(08)：152-155+392.

[75] 詹林敏. 电子商务物流最后一公里配送模式研究[D]. 大连：大连理工大学，2015.

[76] 张晓芹. 基于大数据的电子商务物流服务创新[J]. 中国流通经济，2018，32(08)：

15-22.DOI:10.14089/j.cnki.cn11-3664/f.2018.08.002.

[77] 李敏. 京东电子商务物流模式分析[D]. 长沙：湖南大学，2016.

[78] 邓红梅. 移动电商物流发展现状与趋势探析[J]. 中国国际财经(中英文)，2018(07)：191.DOI:10.19516/j.cnki.10-1438/f.2018.07.141.

[79] 施娜. 移动电商物流发展现状与趋势探析[J]. 信息通信技术，2015，9(04)：42-46.

[80] 段彪. 移动电商物流发展现状与趋势探析[J]. 中小企业管理与科技(上旬刊)，2021(02)：57-58.

[81] 潘果. 移动电子商务在现代物流中的应用分析[J]. 硅谷，2009(17)：76-77.

[82] 艾媒生活与出行研究中心.2020-2021年中国快递物流行业发展现状及典型案例研究报告[EB/OL]. (2021-04-07)[2021-05-08]. https://www.iimedia.cn/c400/77877.html .

[83] 物流指闻. 一文读懂中国共享物流十大创新模式[EB/OL]. (2018-03-30)[2021-05-08]. https://t.cj.sina.com.cn/articles/view/2780826007/a5c00997034005wrd.

[84] 李兴莹. 电子商务领域中计算机数据挖掘技术的应用研究[J]. 电脑知识与技术，2020，16(19)：239-240.

[85] 王依然. 浅析数据分析在移动电子商务中的应用[J]. 商业现代化，2017(05)：58-59.

[86] 吴瑕. 商务数据分析方法在电子商务企业运营与实施中的应用与实施[J]. 现代商贸工业，2020(41)：17.

[87] 丁洁. 数据分析在电子商务中的应用[J]. 电子技术与软件工程，2020(22)：179-180.

[88] 蒲欢欢. 数据分析在移动电子商务中的应用[J]. 商业经济，2020(10)：138-139.

[89] 李艳. 基于数据挖掘算法的移动电子商务群体用户访问控制模型[J]. 现代电子技术，2020，43(04)：153-156.

[90] 胡云. 浅谈我国移动电子商务安全的构成及其保障技术[J]. 中国新通信，2019，21(01)：124-125.

[91] 桑志强，汪艳. 移动电子商务安全问题与解决策略的探析[J]. 商业现代化，2017(05)：58-59.

[92] 敖道恒. 移动互联网安全现状及应对策略[J]. 网络安全技术与应用，2020(12)：91-92.

[93] 韩东良. 移动互联网时代电子商务信息安全与保护[J]. 信息通信，2018(01)：176-177.

[94] 郑文贤. 关于电子商务安全问题的思考[J]. 营销界，2021(16)：61-62.